子どもの一生を決める！

「待てる」「ガマンできる」力の育て方

感情や欲求に振り回されない「自制心」の秘密

田嶋英子
プロコーチ
NLPマスタープラクティショナー

青春出版社

はじめに

この本は、「待てない子」「ガマンできない子」に日々悩んでいるお母さんのために書いた本です。

実は、最新の心理学の手法を使った子どもへの関わり方で、子どもは自分の感情や行動をコントロールできるようになっていきます。しかも、この「自制心」は一生モノ！　今、育てておけば、毎日の子育てがラクになるだけではありません。

★気持ちや行動の切り替えができる
★衝動的な感情をコントロールできるから、人とうまくいく
★誘惑に負けず、目標に向けて努力できる
★自分で決めたことはやり抜くようになる

……などなど。将来に役立つ、いいことがたくさんあるのです。

日常生活でできるカンタンな方法で、今日から、楽しく「自制心」を育ててみませんか。

目次

第1章 いま、「待てる」「ガマンできる」力が必要なのは、なぜ？

大人になってからでは遅すぎる！

第2章 まずは、感情に振り回されてしまう理由を知っておこう

「ダメ！」「ガマンしなさい」と叱るのは逆効果！

第3章 自分で自分をコントロールする心が育つ7つの習慣

1日5分！　親子で楽しく続けられる

第4章 「心のアクセルとブレーキ」の上手な使い方

わが子が望みどおりの人生を歩んでいける！

カバー・本文イラスト　齊藤　恵
本文デザイン・ＤＴＰ　リクリデザインワークス
企画協力　糸井　浩

序章

子どもの将来は「自制心の強さ」で決まる

感情のコントロールができない子が増えている

子どもがキレやすくなっている、とよく言われます。社会全体の問題としても、キレやすい人が増えている、それによる犯罪も増えている、と言われていますね。

すぐに暴力をふるったり暴言を吐いたり、物を壊したり。

怒りやイライラした気持ちを抑えきれず、爆発してしまう。

虐待や家庭内暴力の問題、職場でのパワハラの問題も、本当によく聞くようになりました。

そんな流れのなかで、自制心、セルフコントロールする力が重要視されてきています。

わが子を自制心のある人間に育てたい、と願っているお母さんは多いことでしょう。

欲望や欲求のままに行動してケガをしたり、人にケガをさせたりしないように。
保育園や幼稚園でお友だちと仲良く過ごせるように。
学校では、先生の言うことをちゃんと聞いて、集団行動が取れるように。
授業に集中して取り組めるように。

そして、いずれは、
社会に出て、人間関係で困らないように。
自堕落な生活をして、病気になったり、経済的に困らないように。
職場で仕事をする上で、社内の人や取引先とうまく関係をつくれるように。
結婚して新しい家族をつくるとき、仲良くやっていけるように。
ルールを破ったり犯罪に走ったりしないように。

そのために、短気を起こしたり目先の欲に振り回されたりせず、自分自身をコントロールできる自制心を持ってほしい、と願っていることでしょう。

マシュマロ実験で判明！「ガマンできる子」は将来うまくいく

アメリカのスタンフォード大学の心理学研究室で行われた「マシュマロ実験」というものがあります。有名だから、どこかで聞いたことがあるかもしれませんね。

子どもに1個のマシュマロを与え、15分食べずにいられたら、もう1個あげると言ったとき、その子どもがどう行動するかを観察する実験です。

マシュマロはテーブルの皿の上にあり、子どもはそのテーブルの前の椅子にすわります。子どもは自由に行動できる状態で15分間、その部屋で一人にされます。

全体の約3分の2の子どもは、15分のうちにマシュマロを食べてしまいました。約

3分の1の子どもは15分食べずに待つことができて、もう1個マシュマロをもらえました。

そしてその後の追跡調査で、**マシュマロを食べるのをガマンできたグループは、そうでないグループよりも学力が高くなる、**という結果が出ています。**学力だけでなく、集中力もあり、対人関係でも良好で社会的に成功しやすい**という結果が導かれています。

マシュマロを食べても、食べなくてもいいという自由な状況で、「15分間食べない」という選択をし、その行動を取ることができる。

これが「自制心」の実験として一番有名な実験です。

自制心を育てるために、「叱る」必要はない

ところが、自制心について、私たちが知っていることはかなり限られているし、偏

っているのではないか、と私は考えています。

その理由として考えられるのは、私たち自身が育ってくるなかで「自制心」を身につけてきたプロセスが、限られており、偏っているということです。

どんなふうに、自制心を身につけてきたのか、ちょっと振り返ってみますね。

あなたが子どものころ、大きな声を出して騒いだとき、「大きな声を出すな」と止められたことでしょう。

きょうだいやお友だちを叩いたり蹴ったりしたとき、「ダメでしょ！」と怒られたことでしょう。

宿題をせずに遊びほうけていたら、「宿題しなさい！」って注意されたことでしょう。

学校で授業の最中、ボーッとしていたら、「授業に集中しろ」って言われたことでしょう。

体育の時間、ダラダラ行動していたら、「ちゃんと並べ！」って言われたこともあるでしょう。

そして、私はそんなふうに注意されなかったわ、と言う人は、兄弟姉妹や同級生が親や先生から注意されている姿を見たでしょう。あんなふうに騒ぐと、怒られるんだな、とか、こうやらないと注意を受けるんだな、って、見て、聞いて、学習しましたね。


どうでしょう。思い出しましたか？

好きなように、自由にふるまうと、怒られたり叱られたり、注意を受けたりする。だから、しないようにする。怒られる前にやめるようにする。言われたようにふるまうようにする。規範を、ルールを、破らないようにする。

そのなかで、「自制心」が身についてきた。

そんな人が、多いのではないでしょうか。


だから私たちは、「自制心」って聞いたときに、何かしら不自由な感覚、束縛されたり、したいことをやめさせられたりするような感じを思い起こすことが多いのです。

子どもたちに「自制心」を持ってほしいと思って育てるときも、その不自由な感覚を感じていることが多いのかもしれません。子どもを縛っているのではないか、自由を奪っているのではないかと感じて、イヤな気持ちを感じることもあるでしょう。

子どもたちにきちんと善悪を教えたり、ダメなものはダメと伝えることは本当に大切なことです。だから、そのイヤな感じを感じながらも、子どもを叱ったり注意したりしているのかもしれませんね。

子どもをきちんと叱れない大人が増えてきた、とも言われています。もしかしたら、叱るときに、子どもの自由を奪うようなイヤな感じを感じたくなくて、叱ることができなくなっているのかもしれないのです。

しかし、「自制心」というのは、そんな不自由さを感じるだけのものではないのです。「自制心」を身につけると、本当の意味で自由に生きることができます。「自制心」は人を成功に導く力なのです。

この本でお伝えするのは、それを身につけることが社会的な成功に結びつく、人間を本質的に自由にするための「自制心」を身につける方法です。

そんな「自制心」だったら、子どもに教えたいですよね。

えっ、お母さんも身につけたい？　そうですよね。

適切なタイミングを計って行動できる**「待つ」**習慣、

使ったものを元の位置に戻すことのできる**「整頓する」**習慣、

周りの人や物に自分を合わせることのできる**「揃える」**習慣、

安定した心や生活を保つことのできる**「いつも通りにする」**習慣、

声の大きさをコントロールして適切な大きさで話せるようにする**「静かにする」**習慣、

衝動的に行動することをやめ、適切な行動に切り替えることができる**「止める」**習慣、

怒りなどの感情を適切な形で表現することのできる**「感情をコントロールする」**習慣、

それらを無理なく身につける方法をお伝えしようと思います。

目先の欲ではなく、将来の目標に向かって行動できる子を育てる

まずは、自制心がなぜ必要なのか、どうして自制心がなかなか育めないのかを、いろいろなケースから一緒に考えていきましょう。

その後で、「どうやったらいいのか」を具体的にトレーニングとしてお伝えします。「どうやったらいいのか」だけを聞いても、きっとうまくいきません。なぜなら、自制心を育むのには、それなりのプロセスがあるからです。

私は、どうしたらいいかを知ることよりも、どうしたらいいかを自分で考えることができるようになることが重要だと考えています。

子どもたちにも、お母さんたちにも、私のセミナーの受講生やクライアントさんにも、そうなってほしいと思っています。だから、どうやったら、自分で考えることができるのか、その手順も同時にお伝えしようと思います。

4 いつも通りにする

安定した心や生活を保つ

5 静かにする

声の大きさを
コントロールして
適切な大きさで話す

6 止める

衝動的に行動するのをやめ、
行動を切り替える

7 感情のコントロール

怒りをやりすごす

こんな習慣で自制心が育つ

1 待つ

適切なタイミングを
計って行動する

2 整頓する

使ったものを
元の位置に戻す

3 揃える

周りの人や物に
自分を合わせせる

詳しい実践は第３章へGO！

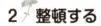

もしかしたら、まどろっこしいなと感じる方もいるかもしれませんね。私もせっかちですから、その気持ちもよく分かります。

でも、人が成長するということはまどろっこしいものです。

魚をもらうよりも、魚の釣り方を教えてもらうほうがいい、って聞いたことがありますか？

魚の釣り方を教えてもらったら、それ以降ずっと自分で魚を手に入れることができます。魚をもらうのは簡単。でも、もらってばかりでは、成長はありません。

子どもというのは、すごい力を持っています。

中学生でプロ棋士になって、先輩プロ棋士相手に連勝するような人が出ています。

体操でもフィギュアスケートでも、不可能と言われた四回転ジャンプを軽々と飛ぶ人が、次々と現れてきています。

これからの時代、親や周りの人が、その可能性を否定したり制限したりしなければ、今までの常識で潰してしまわなければ、もっともっと活躍する子どもたちが出てくると思います。

ＮＬＰ心理学をはじめ最新の心理学では、どんなふうにメンタルを整え、どんなふうに危機を乗り越え、どんなふうにモチベーションを保ったらよいのか、新しい有効な手法がドンドン研究されています。これまで、本当に一握りの優秀で恵まれた人だけができていたことが、一般の、フツウの人にもできるようになってきているのです。

「成功するため」のスキルである心理学を、「成功するため」の力である自制心を育むために使ったらいいのです。衝動を抑え、目先の欲望よりも長期的な目的のための行動を選択できる。そんな子どもに育てましょう。

そして、「自制心」というのは、自分だけが、自分の子どもだけが、身につけたらいいものではありません。なぜなら、自制心というのは、社会の中で、組織の中で必要とされる力だからです。

自分の家族、自分が所属する組織、自分が住んでいる社会が、みんな自制心を持って、仲良く安心して暮らせたら、どんなにいいでしょうか。

地球にあるそれぞれの国の人々が、それぞれ自制心を持って、暴力を振るうことによってではなく、コミュニケーションを取ることで自己実現することを選択できるようになったら、どんなにいいでしょうか。

だから、自制心はどのようにして育まれるものなのか、どのように育てればよいのか。少しでも理解する人が増えたらいいなと、私は願っています。

ご一緒に、考えていきましょう。

ケース① じっとしていられない

「うちの子の場合は、どう考えたらいいのかしら？」

あるいは、「あの子はどうして、あんなふうなのかな？」

どんな解決策があるのか、知りたいですよね。

よくご相談をいただくケースやよく見かけるケースについて、具体的にお話していきましょう。

まず、一番よくあるのが、「発達に遅れがあるのではないか」という相談です。

「じっとしていられない」ケースから、お話ししましょう。


Aくん、４歳の男の子です。「じっとしていられないんです」と、お母さんからご相談を受けました。

幼稚園で、ほかの子どもたちが先生のお話を聞いているときに、勝手に席を立ってうろついてしまいます。「このまま放っておいて、大丈夫でしょうか？」

Aくんには、お姉ちゃんがいます。お母さんは、「お姉ちゃんは、もっと小さいころから、ちゃんと座ってお話を聞いていました」と話をされました。

「お姉ちゃんは手がかからなくていい子です。男の子だから、しかたないのでしょうか？　このままだと学校に行ったときに心配で……」

そうですね、それは、心配ですね。

発達障害の中に、「多動症」と分類されるものがあります。Aくんは健康診断の際に、そういうことを調べる検査を受けてみたらどうですか、と言われたことはありますか？　とお聞きすると、それはない、ということです。

知能の遅れもなく、言われたことは理解できます。よく聞いていくと、「じっとしていられない」のは、「いつも」ではなく、「ときどき」だそうです。

「大きくなれば自然に治りますか？　何もしないほうがいいですか？」

「心配なのに、何もしない」というのはよくありません。何もしないと、心配がただ大きくなるだけですからね。手を打ちましょう。

今の段階でできることをしていきましょう、とご提案しました。

毎日の生活の中で、静と動のメリハリをつけていくようにするのです。

外遊びが好きなAくん。外遊びのときには、思いっきり体を動かせるように、積極的に大きい公園などに連れて行きます。体力を使って、エネルギーを発散できる機会をつくるのと同時に、体幹を鍛えて筋肉の発達を促します。

ある程度まで筋肉が発達することで、姿勢を保つことができやすくなり、体のコントロールがしやすくなるんですね。

家の中では、落ち着いて静かにする時間を意識的につくります。お母さんが子どもと向き合って話をする時間です。お母さんも忙しいですから、一日に2回です。

お風呂のときと、寝る前に決めました。

お風呂のとき、湯船につかるときが、お母さんとお話をする時間です。Aくんの顔をちゃんと見て、目を見て、手をつないで、ニコニコして、お話ししましょうね。体が温まるまで、ほんの短い時間でいいんですよ。

寝る前は、絵本を読みましょう。これは、今までも読んでいるということですので、ちょっとだけゆっくりなペースで読むようにお伝えしました。

2週間後、「いかがですか?」と様子をお聞きしました。

「私自身が、生活にリズムをつけることができました」とお母さんに言われました。お風呂でAくんの顔を見てると、かわいいなあ、って思えるようになってきたそうです。もしかしたら、幼稚園でじっとできないことばかりに意識が行って、子ども自身を見つめることが少なくなっていたのかもしれません、とおっしゃいました。

きょうだいがいる場合、きょうだいそれぞれのペースが違うことはよくあることです。ついつい、上の子ができたから、下の子もできるはず、と判断してしまいますね。でも、早ければいい、というものでもありません。子どもはそれぞれ、別々の人間です。その子のペースに合わせてあげること、一人ずつを大事にしてあげることが、必要なのかもしれません。

そして、先を先を、と焦るのではなくて、子どもと一緒にいる今の時間を大切にすることが、お母さん自身の癒やしにもなると思います。じっとできない子どもを落ち着かせるためには、お母さんがまず癒やされなくてはね、とお伝えしました。

Aくん、じっとできる時間が長くなって、みんなと一緒に座っていることができるようになってきた、と報告をもらいました。嬉しいことです。

ケース② すぐにやめてしまう

習い事をしても、すぐにやめてしまう、やめたがる、というケースもよく聞きます。

Bちゃん、8歳の女の子です。今までリトミックや水泳やピアノをやってきましたが、どれも長続きせず、やめてしまっています。今度は、バレエ、と言い出して、どうしましょうか？　というご相談でした。

「やりたいことはさせてやりたいのです。でも、どれもこれも中途半端で、また、始めてもどうせすぐやめるから、と主人が反対しています」

そうですね。お金もかかることだし、ご主人の言われることももっともですね。

「やめグセがついてしまっても困るし、始めるんだったらちゃんと続けるって約束させたほうがいいんでしょうか？」


どう考えたら、いいでしょう。


お母さんの希望は、何ですか？

「〝やりたいことは、させたい〟〝やるんだったら、続けさせたい〟です」

Bちゃんの希望は、何ですか？

「〝バレエをやりたい〟です」

Bちゃんは、続けたいと言っていますか？　すぐやめると言っていますか？

「〝今度は続ける〟と言っています」

「Bちゃんがバレエをやって、続ける」というのが、Bちゃんとお母さんの希望ですね。

「はい」

では、いつまで続けるかを決めて、続けるためにどうするかを考えましょう。

「あ、それでいいんですか？」

それで、いいです。

Bちゃんとお母さんは、「1年は続ける」と決めました。

来年の春にある発表会にも出る、と決めました。

Bちゃん、高校生になり、大学受験の準備が始まる前まで、バレエを続けたそうです。

途中で足をケガしたり、学校が忙しくなったりしてお休みすることはあったけれど、やめなかったそうです。

「続けるために、どうするか」をお母さんと一緒に、そして途中からはBちゃんが一人で、考えるようになったそうです。

Bちゃんのスラリと首筋の伸びたきれいな姿勢の写真を、お母さんが見せてくれました。

第1章

大人になってからでは遅すぎる！

いま、「待てる」「ガマンできる」力が必要なのは、なぜ？

1 自制心がないと、なぜ困るのか

自制心がないと、困ります。それはそうでしょ、そう思いますよね。
でも、どんなふうに困るのか、リアルに分かっていないかもしれませんね。
ちょっと考えてみましょう。

まず、どんな場面で困るでしょうか。

もし、たった一人で、絶海の孤島に住んでいるとしたら、どうでしょうか。
自制心がなくてもまったく問題ない、と考える人もいるかもしれません。誰もいないわけですから、何をしてもいい。自分が思うようにふるまえるし、好きなようにしても誰にも迷惑がかかりません。自分以外に自分の行動の影響を受ける存在がいないからです。

自制心とは、人と人との間で、もしくは集団・組織の中で生きていく上で必要なものです。実際には、たった一人で生きていくことなど不可能ですから、人間が生きていくのに必要な力ということになりますね。

「騒ぐ」「落ち着きがない」……それは「悪い」のではなく、「適切ではない」だけ

自分がこうしたい、という欲求や欲望が、誰かの欲求や欲望とぶつかることがあります。

自分は大きな声を出したい、騒ぎたいと思っていても、そこが病院だったら、その欲求は不適切だとみなされます。病気で調子が悪い人にとって、静かな環境がほしいもの、欲求だからです。

でも、たとえば大きな海に面している砂浜で、周りにはまったく家がないとしたら、どうでしょう。大きな声を出したり、騒いだりして、それを不快に思う人はいません。

大きな声を出したい、騒ぎたいという欲求自体が問題なのではなくて、その欲求が誰かの欲求を阻害したり邪魔になったりしないかということが、問題なのです。そして、その調整のための能力、コントロールをする力がないことが、問題なのですね。

ここで気をつけたいのは、子どもがやりたいと思っていること自体が、必ずしも「悪いこと」ではない、ということです。その状況において、「適切でない」だけです。

どうしてこんなことを強調するか、というと、この「適切でない」行動を取ってしまう子どもたちが、不当に怒られたり低い評価をされることが多いな、と感じるからです。

とくに、発達に遅れが見られる子どもたちに対して、理解が不足したり十分なフォローをせずに、「やる気がない」とか「言うことを聞かない」とか、評価をしてしまうことがよく見られます。「障害」という判定がされればまた扱いが違ってくるのですが、グレーゾーンにある子どもたち、その親に対する無理解には、心が痛みます。

必要なことは、

①自分がやりたいことをやることが適切な状況なのかを判断する力

②そして、もし適切でないのなら、適切な行動に切り替えることができる力

この二つです。

まず、①についてですが、子どもは状況を判断する力が弱いので、適切でないことはその都度《つど》、大人が教えてあげる必要もあるでしょう。その際は、大人の判断を聞いて、自分の行動を切り替えることができる力、ということです。

状況を判断する力は、子どもの成長とたくさんの経験を積むなかでだんだんと培《つちか》われていくものです。すぐにできなくても、一つ一つ丁寧に教えてあげてくださいね。

そして、②の「適切な行動に切り替えることができる力」は、訓練によって身につけることのできる能力です。

すぐにできるようになる子どももいれば、少し時間がかかるタイプの子どももいるでしょう。その子どもの特性にもよりますし、育っている環境や親をはじめとする家族の影響もあると思います。でも、どの子どもも、程度の差はあれ身につけることができます。

「ウチの子、落ち着きがないんです」

「あの子は乱暴だ」

そんなふうに決めつけずに、レッテルを貼らずに、その子の可能性を見てあげたい。

その子の持っている力を、伸ばしてあげたいですよね。

その子たちが創る未来を、よりよいものにしてあげたいと思います。

そのために、訓練、トレーニングで伸びる力は、伸ばしてあげたいものです。小さいうちに、家庭の中でできることが、たくさんあります。

特別にお金を出して習いに行かなくても、フツウに暮らしていくうちに、習得できることが、たくさんあるのです。毎日毎日の繰り返しの中で身につけていく力です。

具体的にどんなふうにトレーニングしていくかについては、第3章でお話ししましょうね。

ゲームや動画をやめられない子どもにイライラしていませんか

さて、自制心がなくって、困ったことって何でしょう。

よく相談を受けるのが、

「ゲームをやめられない」

「ＤＶＤや動画をいつまでも見てしまう」

というケースです。

子どもさんの年齢も、小学校の中学年から中学生以上、親が無理やり、というのも難しい年代に差しかかってきている場合が多いですね。

これも、程度問題だ、ということはお分かりでしょうか。ゲームをやること自体、DVDや動画を見ること自体をやめたいというのなら、ゲーム機を買わないとか、再生機器を買わないとかいう方法をとればいいのです。ご家庭の判断で、そんなふうにしているところはあります。

でも、ゲームをすることは、許可する。DVDや動画を見ることは、許可する。ただ、ダラダラ見てしまうのが、問題だ、というわけです。

「ゲームをダラダラやってるんです。休みの日は、ほんとにずっとです。自分で自分の行動を止めることができない、自制心がないんです。どうしたら、いいのでしょうか」と、相談されます。

「一日に30分とか、1時間だけ、とか、約束もするんですよ、でも、その約束が守れないんです。自分で決めたことが守れないなんて、将来が心配で、ついイライラしちゃうんです」

そうですね、それが、フツウの子どもです。いえ、大人になっても、そんな人が多いです。特別に、自制心のない、ダメな子だというわけでは、ないんですよ。

楽しいこと、したいことを、時間が来たからといってやめるのは、大人にとってもハードルの高いことです。できれば、ずっと、していたいですよね。やめたくなるまで、していたいと感じるのは自然なことです。

そのゲームをやめて、次にしなくてはいけないのが、「したくないこと」「イヤなこと」「難しいこと」の場合だったらどうでしょう。「ゲームをやめる」ということが、もっとハードル高いことになるというのが、理解できますか？

ゲームを続けていれば、「したくないこと」をしなくてすみます。「したくないことを避ける」という逃避行動になっているかもしれません。それは、ゲームをやめないことを選択しているということですね。

ちょっと分析してみましょう。


「ご飯よ〜」と言えば、たいていの子どもはゲームをやめて食卓に来ます。

のどが渇けば、ちゃんと冷蔵庫を開けて、何か飲んでいますよね。

トイレに行きたくなったら、勝手に行っていますよね。


ということは、自分の意志でゲームをやめることは可能だということです。

そのゲームをやめて、次に何をするのか、何をしなければいけないのか、お母さんが自分に何をさせようとしているのか。

どうでしょうか。

それが気が進まないことであれば、ゲームをする手が止まらないのは、ムリもないなあ、と思います。


お母さんが望んでいるのは、「ゲームをやめること」ではないかもしれません。

ゲームの代わりに、何をしてほしいと、望んでいますか？

何を期待していますか？

勉強ですか？　お手伝い？　外遊び？　お風呂に入ること？

ゲームよりももっと、役に立つこと、身になることをしたらいいのに、と心の中で、子どもを裁いていませんか？

ゲームばかりする子どもは、ダメだ、と否定していませんか？

将来ダメになる、と思っていませんか？

心の中だけでなく、言葉に出していますか？

なぜ、ゲームはダメなんでしょう。ほかの遊びだったら、そんなにイライラしないのに。

ダメだと思っているのなら、なぜ許可したんでしょう。

ゲームばかりする子どもは、将来ろくなことにならない、と思い込んでいませんか？

それが真実なら、ゲームを本気で禁止するべきではないですか？

子どもがしたいことをさせたい、でも、ゲームは望ましくない。お母さんのつくった枠のなかで、「子どもがしたいこと」をさせたい、子どもを支配したい、という気持ちはありませんか？

それが、いけないというわけではありません。ただ、それが理由なら、子どもに対してイライラする必要はなくなってきます。

子どもが心配だから、という理由ではなく、子どもを自分の思い通りにしたい（けれども、できない）という理由です。

自分に、イライラしているんですね。いいとか、悪いとか、ありません。ただ、それだけ、です。

イライラの正体が分かったところで、改善策です。理性を取り戻して、改善策を考えましょう。

子どもに、ゲームをしてもよいと許可するなら、約束が必要です。先ほどお話しした通り、子どもが自主的にゲームをやめることは、難しいことだからです。ダラダラとゲームばかりすることを防ぎ、やるべきことにも時間を使えるようにするには、大人の援助が必要です。

ゲームをする時間を決めることは、いい約束です。

でも、その約束が守れない場合の罰則、ペナルティを決めていないのが、問題です。決めたことを決めた通りにできないときには、どうする、というところまで、きちんと話をして取り決めておきましょう。約束を守れないことがある、という前提で、話をしておかなくてはいけません。そうでなければ、約束は約束として機能しません。

社会的に何か約束をすることを、「契約」と言います。

日本人は「契約」という概念をあまり理解していないことが多いですが、欧米では、たとえ家族間のことであっても、「契約」というやり方を採ります。結婚する前に、結婚後に起こりうるケースについて検討し、たとえば、どちらかが浮気をしたらどうするか、離婚するときにはどうするかということまで、決めておきます。実際に契約書を作成することも多いんですよ。

家族なのに、それはちょっと行きすぎ、と思うかもしれませんが、「契約」という考え方は、知っておいたほうがいいです。感情に支配されずに、理性的に判断し、行動できますよ。

ゲームは一日1時間、と決め、それを守れなかったら、1週間ゲームは禁止、のような取り決めをしておきます。

約束を守れなかったことに対して、感情的に怒る必要はありません。決めたことを決めた通りにする、ということを、親が実践して見せればいいのです。理性的に行動するということを、見せていきましょう。

2 「愛のない社会」がキレやすい子どもを生む

「自制心」というのは、極めて理性的なものです。「感情」とか「本能」とかいうものとは、まったく違う精神の働きになります。

この自制心を持つ前提として、社会が安定していて、安全であるということが必要です。

貧しくて食べるものがないような社会、戦争で家が爆撃されたり、人が殺されたりするような社会では、生き延びるための本能、死にたくないという欲求が優先されます。自分が死ぬかもしれないときに、「人に迷惑をかけるかもしれない」という価値判断は優先されません。

子どもたちが育つ社会が、安定していて安全であるからこそ、「自制心」が役立ち、自制心を持つことが成功のポイントになりえます。食べるものがあり、住む家があって、生命の安全が保障された状態で、やっと「よりよく生きる」「人と協調・協力して生きる」という段階に入ることができるのです。

現代の日本社会は、安全で、少なくとも経済的には安定しています。飢えて死ぬ人はほとんどいませんし、道を歩いていて殺される危険は、かなり低いと言えるでしょう。

でも、日本の子どもたちの「自制心」は、決して高くありません。
万引きやカンニング、いじめ、暴力、破壊的行動、毎日のニュースで18歳以下の子どもたちの犯罪が伝えられています。すぐにキレる子どもが増えていますね。
一方で、学業や仕事が続けられない、ゲームがやめられない、インターネット依存、ドラッグ依存、そんな問題の低年齢化もとどまることがありません。

「自制心」が育っていない。
「自制心」よりも、本能や欲求が上回っている。

それはまるで、生存の危機にある社会で生きているかのようです。いったいどうしたのでしょうか。

「乱暴な子のママ」は仲間外れにしていい？

こんな例があります。

小学校2年生の男の子です。言葉よりも手が出ることが多いタイプで、お友だちを叩いたり噛みついたりすることがあって、近所のお友だちからは敬遠されていました。知的な遅れはないので、「親のしつけの問題」「母親が甘すぎる」と言われて、お母さんグループから親子ともに無視されるようになってしまいました。お母さんグループの中でとくに中心になって、その親子を攻撃するようなことを言いまくる人がいて、仲良くしてくれようとする人もいたけれども、だんだんその人に遠慮して、遠ざかっていったそうです。

まるで子どものいじめのような状態だった、とお母さんは言っていました。

お母さんはもちろん、子どものことで悩んでいましたし、なんとか改善しようとがんばっていましたが、ご近所のお母さんからのあからさまな無視に耐えきれず、精神的に落ち込んで、子どもを連れて実家に帰ってしまうことになりました。

もし、その男の子が、自分の子どもだったら、どうでしょう。どんなふうに感じますか？

一生懸命に教えても、なかなか行動が変えられない、そんなわが子を見て、どんなふうに感じますか？　そんなわが子を愛せますか？　自分のことを情けなく思いますか？

どんなふうにしたら、よかったのでしょうか。

また、もし、自分の子どもが叩かれたり、噛みつかれたりしたら、どう感じるでしょうか。それでも一緒に遊ばせるでしょうか。自分の子を叩いた子を、憎まずにいられるでしょうか。

あなただったら、どうふるまいますか？　あなたも無視するグループに入りますか？

いざ、となったとき、自分の子どもが叩かれたとき、どうふるまいますか？

強い意見のある人がいたときに、その人に逆らってまで、いじめられている人と仲良くできるでしょうか。それとも、同調してしまうでしょうか。

この話を聞いて思ったことは、この社会は、肉体的には安全だけれども、精神的には安全でないことがあるんだな、ということです。

自分の子を守るために、他人の子どもを排除する、という考えと、その考えに従った行動がまかり通ることがあるのだ、という事実があるのだということです。

「悪いことをした子どもは、仲間はずれにしていい」

「悪いことをした子どもの親は、傷つけてもいい」

そんな弱肉強食の社会が、見えていないだけで、実際には存在しているんだな、と感じて、ゾッとします。


しかし、社会全体を見ても、それが実情なんだろうなと感じます。

罪を犯した子どもを持つ親に対する、マスコミの取材の仕方、報道の姿勢。それと同じことが、再現されたんだな、と思いました。

「悪いことをした子どもの親は、傷つけてもいい」

「悪いことをした子どもの親の、人権なんて配慮しなくていい」

毎日のワイドショーや、雑誌で、見ていますよね。その再現です。

社会に、愛がない。それが実情です。

そして、その社会で、子どもたちは生きていかなくてはいけません。子どもたちを育てる親として、私たちにできることは、何でしょう。

自制心のある子に育てると、まわりも変わる

一人ひとりには、愛はある、と感じます。

でも、社会全体の愛には、なっていない。

動物的な、本能的な、愛はある。

でも、理性的な、社会的な、愛には、なっていない。

愛が、未熟なのです。

だから、愛を育てていかなくてはなりません。

本能的な愛を、理性的な愛に、育てていかなくてはなりません。

自分だけがよければいいという愛を、周りの人にも及ぼせるように、広げていかなくてはなりません。

そうしなければ、大切なわが子が、安全に安心して生きていくことができないから

です。

子どもの自制心が育っていないのには、こういう社会的背景が隠れているようです。

社会の問題と考えると、あまりにも大きすぎて、私たちには手が届かないと感じる人もいるかもしれませんね。

でも、大丈夫です。

あなたがあなたの子どもを、自制心のある子どもに育てることで、社会に影響が及ぼせます。

一人でも多くの、自制心のある子どもを育てることが、愛のある社会を創ることに、つながっていきます。

「自制心」というのは、そういう力を持っているのです。

一人ひとりの愛と、社会全体の愛とは、同じ愛でも違っています。社会全体の愛とは、その愛の中に、智恵が入っていないといけません。一人ひとりの愛、その愛同志が、対立したときに、智恵がなければ対立を解決することができないからです。

動物的な感情的な「愛」を超えた、社会全体に通用する智恵のある「愛」が、必要です。「自制心」を子どもに教えるときには、この社会全体に通用する愛をもとに教えます。

現代は、母系社会だとか、父性がなくなった、とか、聞きます。あまり好きな言葉ではありませんが、社会に厳しさを伴った愛がなくなってきたとは、感じています。

まあまあ、いいじゃないか
適当でいいじゃないか
ありのままでいいじゃないか
ムリしなくて、いいじゃないか

社会全体がそんな感じになっていて、気持ち悪いと感じます。そんな生ぬるいのが、社会全体の愛だとは思いません。

社会には、ある程度の規範意識が必要です。相手の成長を促す気持ちや、高みを目指していく姿勢や、もっと良いものをつくりたいという熱意が、必要です。

きっちり時間を守ったり、質の良い製品をつくったり、うそやごまかしのない仕事をしたり、しっかりとコミュニケーションを取って話を詰めたり。そんな社会がいいと思います。

努力がきちんと報いられ、働き者が尊敬され、規則を守るのがカッコイイと見なされる、そんな社会がいいと思います。

そんな社会を支える愛が、必要だと感じます。理性に裏打ちされた愛です。智恵のある、愛です。自制心は、そんな愛に支えられて、身についていくのです。

3 「自分中心」と「自分勝手」は大違い

さて、子どもというのは、自己中心的な生き物です。

生まれたばかりの赤ちゃんを見てください。お腹が空けば泣き、おむつが汚れれば泣き、眠ければ泣きます。

お母さんはさっきミルクを飲ませてくれて、まだ1時間しか眠ってないから、ちょっと泣くのを待って、もう少し寝かせてあげよう、なあんて、決して考えてくれません。

この自己中心的な生き物を、社会の中で、大勢の人と仲良く、トラブルなく、ルールを守って、暮らしていけるように育てるのですから、子育てって、スゴイものです。

そう聞くと、自己中心的なことは悪いこと、社会性を持つことがいいこと、みたいに思う人もいるかもしれませんね。

しかし、自己中心的であることは、自我の確立にはとてもとても大切なことなのです。

自己中心的であるからこそ、自立できるし、自立できるからこそ、ほかの人の役に立てるようになるのですからね。

だから、子どもの時代には、十分に自己中心的である必要があるのです。

決して「いい子」には育てないでください

えっ、これ以上、自己中心的にさせて、いいのか？

甘やかしじゃないのか？

つけあがるんじゃないの？

と、びっくりしますよね。

そうなんです。そのプロセスが、どうしても必要なんです。

自分のことに集中する時期、それが幼児期から思春期にかけてです。

その時期に、自分がしたいこと、自分の好きなことに集中せず、周りからどう思われるか、周りに怒られないかを基準に生きてしまうと、自分の中心に穴が空いたようになります。

周りとの協調性も、もちろん学んでいく必要があるのですが、優先順位が逆転してしまうと、周りにただ流されるだけの、「いい子」になってしまいます。

嫌われないし、親や先生にも評価されますが、確固たる自我の形成ができにくいのです。「自分がない」状態です。

周囲にうまく自分を合わせていくことで協調性や社会性を身につけていくことと、自分がしたいことを周りに表現して、自己実現していくこと。その両方が、求められているのです。そして、**子ども時代は、「まず、自分」です。**

自己中心的である、というのは、自分勝手ということとは違います。何をするのも、自分を置き去りにはしない、ということです。

自分は何を感じているのか、自分はどうしたいのか、自分は何が大切だと思っているのか、自分は、どうなのか、ということを判断の基準にする、ということです。

自分のことがよく分かって、自分のことが好きで、自分は価値のある存在だと知っていること。それが「社会のために役立つ」存在になる前提です。

実際には、子どもがどんな意見を持っているのかを聞かれたりする機会は、あまりありません。

聞かれないから、考えませんね。考えないから、表現もできません。それでは、子どもが「自分が中心なんだ」という認識を持つことは難しいですよね。

「自分が中心」に変わる親の話し方のコツ

具体的に、おうちでは何をしたらいいのでしょうか。

それは、「は」を使うことです。

「は」？

そうです、「は」です。

「私は」とか「あなたは」の、「は」です。

＊「あなたは」どうしたいのか、を尊重すること。

「○○ちゃんは、これが好きなのね」

「○○ちゃんは、外に遊びに行くよりも、本を読みたいんだね」

日本語では、主語を曖昧《あいまい》にすることが多いですね。主語を明確にしなくても、会話ができてしまうのが、日本語です。

でも、主語を明確にしてみてください。そのときに、「は」を使ってくださいね。

「は」は、その主語を、取り立てて、ほかと区別するときに使う助詞です。

一般的に主語を表すときには、「が」を使います。

「私が、行きました」

「私は、行きました」

違いが分かりますか?

「私は」のほうは、「ほかの人は知らないけれど」「ほかの人はさておき」という意味が加わっています。

ぜひ、おうちで、「は」を使ってください。

ほかの誰でもない、「○○ちゃんは」それが好きなんだ、そうしたいんだ、それを大切に思っているんだ。

「は」を使って主語を表すことで、その人を個人として尊重していることを示すことができるんですよ。

もう一つ。

＊人と比べないこと、とくに親子や兄弟姉妹で、優劣をつけないこと。

違いはあっていい、どちらが優れているとかでなくて、単に違うということです。

「私は、うどん」

「私は、カレー」

食堂で注文するときに、こんなふうに言うでしょう？　うどんとカレーに優劣なんてありませんよね。

「は」を使うことで、優劣や上下関係をつけずに、並列に、フラットに扱うことができます。

「私は、大学に行きたい」
「私は、行きたくない」

お姉ちゃんやお兄ちゃんと進路が違っても、それはただ、違うだけです。

お父さんは、学生のころ、真面目《まじめ》に勉強したんだぞ。
私は、アイドルの追っかけがしたいの。

優劣は、ありません。違いが、あるだけです。

子どもが大切にしていることとやりたいことを、自分が望ましいと思えないとき、「えっ、そんなの、ありえない」って、完全否定していませんか？

自分の意見と違うものを、子どもが選んだとき、頭ごなしに、それはダメだ、と言っていませんか？　そうしている限り、対話はできません。

その子がそれを選んだということを、尊重しましょう。

ただ、意見が違うだけです。

あっ、お母さんが自分の意見を否定する必要も、ないんですよ。

自分の意見があるということ、それを自分の意見として表現できるということ、それが、自分の行動に責任を持つための、スタートです。

自分が中心にあるということを意識させていきましょう。

違いを明らかにして、対立するためではなく、「自分の」選択だとはっきりさせて、責任を取れるように導くために、「は」を使ってくださいね。

4 子どもの心を解放する「魔法の言いかえ」

子どもの思考回路や心の持ち方には、親の影響がとても大きいことを、お伝えしてきました。

この節では、親の「ねばならない」という思考の枠、固まった考え方の特定のクセを、緩めたり変えたりする方法をお伝えしようと思います。

これは、お父さん、お母さんを責めるためではありません。

誰でもみんな、成長する過程で、ある思考の枠をつくってしまいます。「信念」「思い込み」と言われるものです。

それは、その時点では、必要だったし効果的だった信念であり、思い込みです。でも、固定化され、柔軟性がありません。もう、不要になっているかもしれないのに、変えることができないほど、固くなっているのです。その親の信念や思い込みが、子どもに影響し、ゆとりを奪っていることが多いと感じています。

子どもの自制心を育むためには、心のゆとりが必要です。そのために、「ねばならない」という思考の枠をほんの少しでいいので、広げてほしいのです。

今回お伝えするのは、シンプルで簡単な方法です。

口癖を変える、言い換えをする、という方法です。

「～してはいけない」から「～しないに越したことはない」へ

たとえば、

「人に迷惑をかけてはいけない」

という、「信念」があるとします。

「信念」ですから、何がなんでも、とか、絶対に、とか、どんなことがあっても、とかが、見えないけど、ついています。

ちょっと、〝見える化〟してみましょう。

（何がなんでも）人に迷惑をかけてはいけない

（絶対に）人に迷惑をかけてはいけない

（どんなことがあっても）人に迷惑をかけてはいけない

間違っているわけではありません。よく聞くことだし、正しいことです。ただ、その「信念」があるために、自分のしたいことを何もかも抑制したり、子どもを否定したりするようであれば、ちょっと行きすぎですね。

自分の中の、そういうキツイ「信念」に気づいたり、口にしたりしたら、

「人に迷惑をかけないに、越したことはない」

と言い換えしましょう。

ちょっと感じが違うことに、気づきますか？
言い換えするだけで、頭の中の、固い枠が、少し緩みます。

「人前で大声を出してはいけない」

ではなく、

「人前で大声を出さないに、越したことはない」

いい感じです。

自分も、子どもも、縛っているものから自由にしてあげてくださいね。

「自制心」を育む、と聞くと、この「信念」がキツイ人ほど、もっとキツく、もっともっと厳しく、と思いがちです。

でも、固い枠、狭い枠の中で縛られて生きているのに、もっと厳しくなんて、できません。自由に選択できる幅があるから、自ら進んで「自制」しようと思えるのです。

真面目に生きよう、自制心を持たせよう、というのが、「ねばならない」にまで固まってしまうと、負荷が増えるだけで逆効果です、

「ねばならない」という、不自由な信念から、自分を解き放っていきましょう。

ケース③ パニックになる

すぐにパニックになって、泣き叫ぶので困っています、とCちゃんのお母さんからのご相談を受けていました。

どうしたらいいか分からないので、人のいるところに出るのが苦痛です、とも話されていました。

Cちゃんとお母さんは、数を数えるトレーニングをやりました。第3章で紹介するトレーニングです。

声の大きさをコントロールするトレーニングもやりました。お母さんとトレーニングするうちに、Cちゃんの感情はだんだん安定してきていました。

でも、パニックは起きました。公園です。お母さんは少し離れたところにいたので、何が原因かはよく分かりませんが、お友だちとトラブったようです。

「お母さん、どうしましたか？」
と聞くと、かけよって泣き叫ぶCちゃんのそばで、数を数えたそうです。
ゆっくりと、練習通りに。
でも、Cちゃんには聞こえていません。
お母さんは、Cちゃんの背中に手を当てて、続けました。
1から10、1から10、1から10（大丈夫、大丈夫）、
1から10、1から10……。
泣きやみません。
（大丈夫、大丈夫）、1から10、1から10……。

Cちゃんの顔が、お母さんのほうに向きました。
パニックがおさまったのが、分かりました。

お母さんは、数を数えている間、Cちゃんのことだけを見ていました。お友だちや

お友だちのお母さんが、どう思っているか、周りの人がどう思っているか、気にならなかったそうです。

パニックを起こしているCちゃんのことも、「大丈夫」と思っていたそうです。それ以外、考えなかったそうです。不思議ですね。1から10をリズム通りに数えるので忙しかったから、と笑ってお話しされていました。

ケース④ 勉強が続かない

受験生なのに、勉強しないという相談もよく受けます。

Dくんは中学3年生、受験生です。

志望校は決定していて、何を勉強したらいいかも分かり、計画も立てられますが、その通りに実行できません。学校のある日や、塾のあるときはまだましですが、自宅での勉強時間が確保できないのです。

お父さんやお母さんは、「やる気がない」「真剣味がない」「自覚が足りない」「集中力がない」と、散々です。

Dくんは、家でどんなふうに勉強しているか、聞いてみました。一人の勉強部屋を持っていて、そこで勉強しているそうです。弟がいるのですが、邪魔にならないように、別の部屋にしました。

「受験生なので、勉強優先なんですよ。お手伝いもさせないし、テレビもつけないようにしてます。それなのに、すぐに部屋から出てきて台所とかをウロウロしたり、ベッドに転がってケータイ見たりして……」

なるほど、です。

Dくんは、自室の机の前に座っていて集中が続かなくなって、ウロウロするのだということです。同じ姿勢で疲れている体をほぐす意味もあります。そのほうが、脳もリフレッシュできるということを、体が知っているのですね。

そんなお話をして、お母さんとDくんに、ウロウロ作戦を授けました。

Dくんが家の中で、よく行く所は、自室の机の前以外に、台所、トイレ、自室からすぐ出られるベランダ、ベッドの上、です。それぞれの所で勉強できるように、工夫してもらいました。

台所とベランダは、立ったままできる勉強です。何か「ながら」でいいので、勉強します。英単語でも、歴史年代を覚えるのでもいいのです。

勉強はじっとしてするもの、と思っているお母さんはビックリ。それは、じっと座ってできればそれに越したことはありません。でも、それにこだわらなくてもいいですよね。学校や塾でじっと座っていることはできているから、家では別の方法を採るのも、いいでしょう。

勉強時間と決めた時間は、ケータイの電源は切ります。ベッドの上でも、勉強できるように考えよう、と言ったら、「勉強時間にはベッドの上には乗らない」とDくんが決めました。Dくん、やる気はありますね。自覚もしているようです。

お父さんとお母さんには、Dくんがウロウロしていても、口出ししないと約束してもらいました。「勉強の邪魔をしない」のが大事ですからね。

第2章

「ダメ！」「ガマンしなさい」と叱るのは逆効果！

まずは、感情に振り回されてしまう理由を知っておこう

1 つい感情的になってしまうのは、なぜ？

子どもにとって自制心を持つのは難しいことです。その話をする前に、大人である私たち、とくに母親、お母さんが自制心を持ちにくいのはなぜか、のお話をしましょうね。

子ども同士で遊んでいて、お友だちを叩いたり、お友だちのおもちゃを取ったり。そんなことって、よくありますよね。そんな場面で、どんなふうにふるまっていますか？

自分の子どもが叩いた側だったら？

どう感じて、どう言葉をかけていますか？　どんな行動を取っていますか？

しまった！　申し訳ないことした！　恥ずかしい！　って感じて、「叩いちゃダメでしょ！」「ごめんなさいは？」って言いますか？

相手の子どものお母さんに謝っていますか？

周りの目が気になりますか？　情けない気持ちになりますか？

それとも、子ども同士のことだから、仕方ないじゃないって思いますか？

ウチの子が悪いわけじゃない、私の子育てが間違っているわけじゃない。

正当化しますか？

相手に悪いから、形だけ謝りますか？

叩かれた側だったらどうでしょう。

どう感じて、どんな言葉をかけますか？　どんな行動を取っていますか？

子ども同士のトラブル、どんなふうに対処したらいいのでしょうか。

実は、けっこう深い、心の問題が隠れているんです。

わが子のことになると、過剰に反応してしまう理由

子どもを産んで育てはじめるとき、母親は大変神経質になります。自分以外の人を子どもに近づけたくないと感じたり、子どもの成長や育児に対して悲観的になったり、急に悲しくなったり感情的になったりします。母親であれば、大なり小なり経験があると思います。

防衛的な気持ちが立ち上がり、被害妄想のようなものさえ感じることもあります。

たとえ子どもの父親といえども、子育ての邪魔と感じることもあるのです。

これは、子どもを守るために必要なプログラム、いわば生物学的な本能とでも言う

べきものです。

この神経質な状態は、だんだん緩《ゆる》やかに落ち着いていくのですが、子どもの身に危険がおよぶようなときには、さっと立ち上がってきます。

わが子がお友だちを叩いた、叩かれた、という何でもない状況で、私たち母親の本能は、危険信号を発します。深い深いところで、無意識に立ち上がるのです。

だからこそ、「過剰」に反応するのだ、ということを知っておいてくださいね。

「わが子」のことになると、他人の子どもがケンカしているのを見ているときのような、冷静で客観的な視点が保ちにくくなるものです。お母さんって、そういう存在です。

子どもが危険な状態のときに、本能としてサッと動けなかったら子どもが死んでしまうかもしれません。それを避けるために、天がお母さんに与えてくれた、危機管理の能力なんです。

相手の子どものお母さんにも、この防衛本能があることを私たちはよく知っています。

だから、子ども同士で何かあったときに、「防衛」のモードが発令されるのです。相手に責められるより先に、わが子を叱っておかなくてはいけません。わが子を「守る」ためです。

周りの人に何か言われるより先に、わが子の行動の責任者は私です、と示さなくてはいけません。これも、わが子を「守る」ためです。

「防衛」は、ときには「戦い」にもなります。守るために、戦うのですね。

「ウチの子は悪くない」「私は間違っていない」という正当化も防衛の一つです。

子どものケンカなのに、変に感情的になったり、やたら周りの目が気になったりするのは、この防衛本能のせいです。

逆に、「何も感じない」ようにしてしまうのも、同じ「防衛」です。

これは、子どもを守るのではなく、お母さん自身を守るための「防衛」になります。

わが子に何か危ないことが起こりそうなとき、わが子が悪いことをしたとき、お母さんの心は痛みます。それを感じることがお母さん自身にとって耐えられないとき、「何も感じない」ように、防衛してくれるのです。心の働きですね。

たかが子どものケンカですが、こんな複雑な心の働きが起こっているんですね。

あっ、そうなんだ、と思ってもらえましたか？

恥ずかしくないし、隠さなくてもいいし、自分を責めなくてもいいんです。みんな大なり小なり感じていることです。

人を責めなくても、いいんです。**その人の防衛本能が立ち上がっているんだな、と理解できれば、腹を立てる必要もない**ですね。

行動する前に「今の心の状態」を見直しましょう

そうやって、少し自分の心や相手の心の状態を理解できると、今度は理性的に考えることができるようになります。

私たちはついつい、心の状態をさておき、「どうするか」ばかり考えようとしてしまいます。しかし、心が荒波のように揺れている状態で、冷静に理性的な判断をすることは難しいのです。これが「考えられない」ことの原因です。

よく「どうしたらいいのか分からない」という気持ちに襲われる人は、まず、「今、どんな心の状態なのか」を見つめてみることをオススメします。

「今」が分かっていないのに、「これから」が分かるはずはありませんね。今の状態を見つめて見るときには、次の三つの観点から見てみるといいでしょう。

①「今、どんな気持ちなのか」「今、何を感じているのか」
②「今、何を言葉にしたのか」「今、どんな言葉を思い浮かべたのか」
③「今、どんな行動をしたのか」

深呼吸をしながら、この「感情（気持ち）・感覚」「言葉」「行動」を客観的に見つ

めると、「今の自分」を見ることができます。

自分がどんな状態なのか、見つめることができると、客観的な視点を手に入れることができます。書き出してみるのもいいですね。

荒波のようだった心の状態が、落ち着いてきたのが感じられるでしょう。

むやみに叱らなくていい、ガマンさせなくていい

さあ、どうしたらいいのかを考えられる状態になりましたか？

それでは、考えていきましょう。

人を叩く、という行為は、社会では犯罪行為になります。

幼稚園・保育園や学校でも、お友だちを叩くのはよくありませんね。ケガをさせたりしなくても、叩かれると痛いですし、誰でも叩かれるのはイヤだと感じるからです。お友だちから嫌われたり、避けられたりするかもしれません。

なるべく早い段階で、人を叩いたり蹴ったりする行為は、やめさせておくのがよさそうです。

そこで必要になるのが、自制心です。

感情のまま行動するのではなくて、ちょっとブレーキをかけてみる。

それができるようになったら、いいですね。

自制心を持って生まれてくる赤ちゃんなんて、いません。みんな成長のどこかの時点で身につけていくものなんです。

その成長の途中で、お友だちを叩いたり、かんしゃくを起こして物を壊したり、大きな声を出して騒いだりしても、しかたないと思いませんか?

だんだん、できるようになっていきます。そんなに、怒らなくていいんですよ。そんなに恥じなくていいんです。周りの人に迷惑かけて申し訳ないって、思いすぎなくていいんです。

そして、過剰防衛しなくて、いいんです。

私たちの多くは、怒られるから、恥ずかしいから、迷惑かけるから、そんな理由で自制心を身につけてきました。

だから、自制心って、「ガマンすること」って思っているかもしれません。しかし、そうではありません。

社会の中で、自分も周りの人も、それぞれ大切な存在として一緒に生きていくために、そして、自分がしたいことを適切に表現して、夢を実現していくために、必要な力が自制心です。

感情や欲望をコントロールして、社会で受け入れてもらえるようにする力です。素晴らしい力ですね。「ガマンさせなきゃ」と思うのではなく、前向きに捉えて、着実に身につけさせていきましょうね。

自制心を失うとき、それは、理性よりも動物的な本能や、生物学的反応が強いときです。たとえば、「安全が脅かされている」と感じるとき、「選択肢がない」と感じるとき、怒りや恐怖や不安に支配されて、理性的な判断ができないときです。また、根拠のない楽観的で短絡的な思考によって、長期的で合理的な視点を忘れてしまうときです。

理性が未発達な子どもにとって、自制心を身につけるのは難しいことです。理性が発達していない分、本能や感情の揺れ動きに翻弄《ほんろう》されて行動してしまいます。本能や感情を制御する機能が発達していないから、しかたありませんね。

まだちょっとしか生きていませんから、経験として学んできたものが少ないから、「長い目で見ると」という視点が持てません。

それは、親をはじめとする大人がサポートしていく必要があります。サポートして身につけさせる甲斐のあることです。

動物的な本能や生物学的な反応は、訓練によって抑えることができます。思考も、訓練によって変えていくことができます。

子どもたちの自制心、仕組みを知ってムリなくムダなく、合理的に、育てていきましょうね。

2 理性を身につけるには下準備が必要

今までお話ししてきたとおり、自制心というのは、「理性」の働きです。

成長期の子どもというのは、エネルギーが高く、本能と感情が行動の原点です。じっとしていませんし、動き回ります。基本的に「動」の生き物ですね。

一方、「理性」は、「静」です。でも、エネルギーを使わないかというと、使います。やたら動くわけではないですが、**いざというときに集中すること、じっと待つこと、行動を制御することには、エネルギーが必要です。**

だから、理性的な人というのは、エネルギーが高い人なのです。エネルギーの表れ方が違っているだけなのです。この事実は、よく知っておいてください。

小さいうちから自制心の発達している子どもを見ると、あまり子どもらしくないように見えるかもしれません。

人によっては、元気がないとか、勇気がないと判断されることもあるでしょう。子どもは子どもらしく、という考えの親や先生からは、あまり評価してもらえません。

でも、表れ方が違うだけ、決して悪いわけではありません。のちのちのことを考えると、自制心が発達しているほうが成功しますから、ちょっと人よりも早いというだけです。

ウチの子は、外遊びが嫌いで、とか、活発でなくて、といったことをよく相談されますが、その子の特性だと思ってください。

動き回る系の子どもは、安全な場所で、好きなだけ動き回らせてください。

活発に動き回らないからダメ、とか、動きすぎるからダメ、とかは関係ありません。その子の特性と考えて、心配しすぎないでくださいね。

子どもの「心のエネルギーのもと」を補給すること

さて、自制心には、エネルギーが必要、とお伝えしました。では、自制心を育む前の準備段階として、エネルギーを高めておくことが大事ですね。

子どものエネルギー、その〝もと〟になるものは、何でしょうか?

栄養、睡眠、愛です。

栄養、睡眠、愛。これを絶えず補給しておけば、エネルギーはどんどん湧いてきます。

言い換えれば、この三つが不足している状態では、自制心は身につきにくいということです。自制心のトレーニングに、栄養・睡眠・愛は、不可欠です。よく覚えておいてくださいね。

第3章でお伝えするトレーニングは、やるだけで、この三つが補給されるようになっています。

何か目標に向かって頑張っているとき、何かを身につけようと努力するとき、苦しいことを乗り越えようとするとき、いつもよりもエネルギーが必要です。

自制心のトレーニングに限りません。子どものやる気が下がっているように見えるときは、エネルギー補給してあげてくださいね。

あっ、お父さんやお母さんも、ですよ。やるべきことになかなか取り組めない、頑張ってるのにやる気が出ない。そんなときに自分を責めたりするのは、エネルギーのムダ遣いです。

自分を責めると、自分に対する愛が減ります。

たくさんエネルギーが必要なときに、そんなムダなことをしてはいけませんね。必要なエネルギーを補給して、やるべきことに集中できるように整えましょう。

このエネルギーが不足している状態で、「自制心」を身につけさせようとすると、弊害が起きます。その状態で教えられるのは、「自制心」ではなく、「ガマンすること」。身につくのは、「自制心」でなくて、「ガマン」する力です。


自制心と、ここで言うガマン。似ているようで、まったく違います。

自制心は、自分の意志で制御できる力ですが、ガマンは、コントロール不能です。

なぜかと言うと、ガマンするときに人間は感覚を鈍くする、感じないようにするという手段を取るからです。


つらさを感じないようにして、ガマンします。

痛みを感じないようにして、ガマンします。

イヤだという気持ちを感じないようにして、ガマンします。

ガマンするんですが、つらくないわけじゃありません。痛くないわけじゃありません。イヤだと思っていないわけじゃありません。

いずれ、どこかに歪《ゆが》みが出ます。体に出るかもしれないし、心に出るかもしれません。

歪みが出たときには、もう、コントロールは利きません。ガマンが限界にきたとき、病気になったり、腰や肩を傷《いた》めたり、心を病んだりします。

自分の痛みやつらさを感じにくいガマンするクセがついているので、何度も同じことを繰り返すことも多いのです。

くれぐれも、エネルギー不足には注意です。

とくに愛が不足すると、自制心を身につけさせようという親の思いは、ただのガマンの押しつけになってしまいます。気をつけたいですね。

3 意志を持ち続けるにはコツがある

さて、エネルギーも補給したし、あとは、自制心を育むだけですね。

自制心は、衝動を抑えることと、一つのことを持続することという二つのプロセスで身についていきます。

子どもにとって、衝動を抑えることが難しいことはお話ししましたが、ここでは、一つのことを持続するということについて、お伝えしようと思います。

誘惑に負けそうになるとき

何かを成し遂げようと思ったら、ある程度の時間、意志を持ち続ける必要があります。大きな志、目標であればあるほど、達成するのに時間がかかるわけですから、意思を持続する力も必要です。

たとえば、今日のお昼ご飯に、親子丼を食べようという目標を決めたとします。

小さな目標ですね。

それを達成するのには、そんなに時間はかかりませんね。お店に行くなり、おうちでつくるなり、1時間も持続できれば達成できます。

でも、たったそれだけの目標でも、お店に行く途中で、ほかの美味《おい》しそうなものを見つけて気が変わるかもしれません。

おうちでつくる場合は、どうでしょう。

卵がない、ってことになって、買い物にも行かなくてはいけないかもしれません。途中でめんどくさくなって、インスタントラーメンでもいいや、ってなるかもしれません。

ありがちですよね。

たった1時間、意志を持ち続けることさえ、意外に難しいものです。

これが、次の定期テストの成績を上げるとか、受験して希望の学校に入るとか、部活の大会で優勝するとか。そんな中・長期的な目標だったら、どうでしょうか。

けっこうな意志の持続力が、必要そうですね。


この、意志を持続するときに、助けになってくれるのが、自制心です。

ふらふらと気が散って、目標以外のことをしようとするとき、いやいや、今やるのはそれじゃないだろ、って、止めてくれます。

試験勉強しなくてはいけないのに、マンガを手にして読んでいる。そんなときも、読み終わったら勉強だぞ、って本来の行動に戻してくれます。

インターネットのバナー（広告）に出てきた、このカバン、安い！　買おうかな、とクリックする手を、「今月の予算に入ってないよね」と止めてくれます。

目先の欲望よりも、本当にしたいこと、本当に手に入れたいものを選べる力が、自制心です。今よりも未来を取る力が、自制心です。

今、休みたい、今、遊びたい、今、お金使いたい、今、ラクをしたい、という欲望は、けっこう強烈ですし、たびたび湧き上がってきます。

悪魔のささやき、己心《こしん》の魔、とも呼ばれます。

強烈でたびたび攻撃してきますから、私たちはすぐにやられてしまいます。やられてしまうと、本当に達成したいことができなくなって、成功から遠ざかってしまいます。自分を失敗させ、イヤな気持ちにさせ、自信をなくさせます。いろんな意味で自分自身を堕落させる、悪魔のささやきです。

対抗するには、本当にしたいこと、本当に手に入れたいものをできるだけリアルに、具体的にビジョン化しておくこと。そして、たびたび思い出せるように、工夫することです。悪魔よりも強烈に、たびたび思い出せるように対抗しましょう。

目につく所に目標や写真を貼っておくとか、毎日、口に出してみるとかです。コミットとして人に話しておくこともいいですね。

この方法は、よく知られていますし、効果も実証されています。ぜひ使ってください。

目先のことに振り回されず、目標を達成できる人の共通点

そして、私からは、欲望という名の悪魔にやられない秘訣をお伝えしておきましょう。

それは、何か目標を立てたら、必ず悪魔が狙ってくるぞ、と覚悟しておくことです。

目標と悪魔は、セットです。小さな目標には小さな悪魔が、大きな目標には、大きな悪魔が、セットでついてきます。イヤですね、でも、断ることはできません。

そういうものだと、覚悟しておいてください。

悪魔の特徴は、相手が弱気になったところにつけ込むことです。一度攻撃してやら

れたからといって、しょんぼりしていたら、ドンドン攻撃されます。まったく問題なかったかのように、気持ちを切り替える人には、悪魔が付け込む隙がありません。

一度失敗したからといっていつまでも引きずるタイプの人が、悪魔は大好き。反対にケロッと気持ちが切り替えられる人が、悪魔に強い人です。

悪魔の特徴は、粘り強くないことです。単発的には力が出ますが、長続きしません。相手が自分よりも強いと思ったら、あっという間に撤退します。悪魔よりも、ちょっとだけでいいので、粘りましょう。

悪魔は忍耐強い人が大嫌いです。忍耐強さで、悪魔を撃退しましょう。

悪魔の特徴は、集団行動が苦手なことです。一人で頑張っている人に対しては、周りから切り離して、ますます孤独になるように攻撃します。自分のこと、誰も分かってくれないなんて思いがちの人は、悪魔がお友だちになってくれます。

周りの人に相談したり、協力しあって目標を達成しようとしている人には、悪魔は手が出せません。大きな目標を達成したいときには、人間の協力者を持つことをオススメします。

悪魔を撃退する呪文《じゅもん》は、「ありがとう!」です。協力してくれる人に、「ありがとう!」と言って、悪魔を撃退しましょう。

悪魔は、弱気な人、くよくよする人、すぐに飽きたり諦めたり、感謝知らずの人が大好きで、そんな人にはいつまでも取り憑《つ》きます。

反対に、強気で、切り替え上手で、粘り強く忍耐強く目標を追い、感謝にあふれている人になれば、悪魔は寄ってきません。

それは、最初からそんな人じゃなくても、いいんです。悪魔のささやきから身をかわしながら、目標に向かって努力しているから、そんなふうになるのです。

悪魔は、人がそんなふうに成長するために、存在してくれているのかもしれませんね。

ケース⑤ ルールを守れない

ゲームや遊びで、ルールを守れない子がいますね。負けそうになるとやめてしまう、とか、ドッヂボールで球に当たったのに当たってないと言い張ったり、みんなで遊ぶおもちゃを独占しようとしたり。

だんだんと一緒に遊ぶお友だちが少なくなっていって、かわいそうなことになります。その子が、わが子だったら、いたたまれませんね。

「どうしたらお友だちが一緒に遊んでくれるようになるでしょう」と相談を受けました。

ルールを守らないと、お友だちと一緒には遊べません。お友だちと一緒に遊びたいなら、ルールを守る必要があるのです。

そのことが理解できるように、教えていくことが大事ですね、とお伝えすると、「それを言っても、ダメなんです」と言われます。

お母さんが、教えていけるように工夫しませんか、と言っても、「今までしてきたけどダメでした」の一点張りです。

「直そうとしないんです。直らないんです」と言われます。

本当に、直そうとしない、直らないのだったら、お友だちと一緒に遊ぶのは諦めなくてはいけません。それを直さないのに、お友だちと遊びたい、遊ばせたい、というのは、強欲というものです。

直したくなかったら、一人で遊べばいいのです。

一人で遊ぶのがイヤなら、直せばいいのです。

自分が変わらないまま、周りを変えようとしても、ムリです。

お母さんが、本気にならなかったら、伝わりません。

お母さんが変わらなかったら、伝わりません。

お母さんが、本気で伝えようとしたら、必ず子どもには伝わるんですよ。

周りを変えるのではなく、お母さんが変わることで、子どもに伝えましょう。伝わるまで、やってみますか？

と、お聞きしました。

お母さんは、真っ赤な目で「伝えます」「努力します」とおっしゃいました。


次に子どもがゲームに負けそうになって、ゲーム盤を引っ繰り返したとき、お母さんは「それはダメなこと」と伝えました。

それは世の中では通用しないことだ、今までお母さんはゆるしていたけれども、それでは、Eちゃんは、誰とも遊べない子になっちゃうんだよ、と泣きながら伝えました。

お母さんの本気は、子どもに伝わります。伝わるまで伝えるのが、本気というものです。

ケース⑥ 授業中、指名されていないのに、答えてしまう

先生の質問がまだ途中なのに、勝手に答えを言ってしまったり、関係のないことを大きな声で話してしまったりすることって、子どもが小さいときはよくあります。どうしたらいいでしょうか、と相談を受けることもあります。

先生の質問を聞いて、「ハイ!」と手を挙げて、「○○さん」と指名されたら答える。

これがあるべき姿ですね。

わが子が、それをできていなかったら、恥ずかしいですか?

どうにかしないといけないと思いますか?

これは、基本的には家庭では、どうもしなくてもいいことです。

授業中のことなので、先生が責任を持っているからです。

授業参観のときにわが子ができていないのを見て、「お母さん、恥ずかしかったわ」などと、言わなくていいんですよ。

先生の立場からみるとどうでしょうか。言いたいこと、意見があるのに、手も挙げない子、発言しない子より、ついつい答えを言ってしまう子どものほうが、クラス運営はラクです。先生の話が終わるまで待ったり、手を挙げて当ててもらうのを待ったりできるように、先生が指導すればいいだけです。それはそんなに難しいことではないです。


そうは言っても、と思われるときは、ちょっと練習するのもいいですね。

「学校ごっこ」です。

先生が問題を出し、生徒が「ハイ!」と手を挙げます。

先生に当てられてから、答えを言います。

子どもに先生役をしてもらうのが、いいですね。

生徒役のお父さんやお母さんは、勝手に答えをしゃべってしまってください。先生に止めてもらってくださいね。「当てられてから答えるんですよ」と教えてもらってください。

それから、ご家庭での会話をちょっと変えてみるのも、いいかもしれません。ダラダラ話すのをやめる、とか、誰かが話しているときは、自分は話すのをやめて聞く、とか、人の話に割り込むときは、「いい？」と確認するとか、そんなことでいいんですよ。

おうちでできることを、やりましょう。

第3章

1日5分！　親子で楽しく続けられる

自分で自分をコントロールする心が育つ7つの習慣

習慣1 「待つ」——タイミングを計れる

第2章でお話ししてきたように、適切でない行動を、その場に合わせて適切に切り替えるためには、事前に練習しておくことが大切ですね。どんなふうにやっていくか、具体的に見ていきましょう。

注意点があります。

このトレーニングは、安全な場所で、失敗をしてもいいときに、行ってください。子どもが不安なく取り組めるように工夫してあげてください。

子どもが少しでもできるようになることをサポートするのが目的です。すぐにできなくても、取り組んだことを承認し、少しでも成長するように励まし、続けられるように見守ってください。

くれぐれも、子どもを支配したり、ダメ出しをするために使わないでください。よい目的のために行ってください。

トレーニングは、「こうでなきゃ」というものではありません。子どもの年齢や適性に合わせて、ご家庭でいろいろ工夫してみてください。

ポイントは、「五感を使う」ということです。

「五感」というのは、視覚（見る）、聴覚（聞く）、体感覚（触る）、味覚（味わう）、嗅覚（匂う）という5つの感覚のことです。

子どもにとって、耳で聞いた情報を頭だけで理解して行動に移すというのは、難しいことなのです。

私たち大人にとっても、はじめてやること、たとえば車の運転を、「こうして、こうやってね」と聞いただけではできませんよね。自動車教習所に行って、一段階、二段階と、段階を追って習ったと思います。それとまったく同じです。

とくに使ってほしいのは、「体感覚」です。

「視覚と体感覚との組み合わせ」「聴覚と体感覚との組み合わせ」のように、いくつかの感覚を組み合わせて、**目で見たり、耳で聞いたりしたことと、体の感覚（どの部分をどのように動かすのか）をアンカリング（染み込ませる）してください。**

子どもによって、得意な感覚が違いますから、どの組み合わせが有効なのか、どの部分が弱いのか、どうしたらできるようになるのか、試してみてくださいね。

また、子どもは体がドンドン大きくなります。その大きくなる体の変化に、脳がついていけてなくて、上手に行動を制御できないことも多いのです。一度できるようになっていたことが、できなくなった、下手になったというときは、体の成長によるものかもしれません。必要なトレーニングをしてサポートしてくださいね。

また、大人にとって何でもないことが、子どもには理解しにくい原因になっていることもあります。

ウチの長男の例ですが、言葉を正確に発音することができにくかったというケースがあります。「タオル」だったら、「ルー」、「救急車」だったら、「シャ」、のように、言葉の語尾の部分だけを発語していました。

保健師さんに相談したところ、大人同士の会話のスピードが速すぎて、言葉の語尾しか聞き取れていなかったということが分かりました。

もちろん、子どもに話すときにはゆっくりと話していたつもりだったんですよ。「つもり」は、いけませんね。

お楽しみの時間まで「待つ」

それでは、トレーニング開始です。

最初は、「待つ」トレーニングです。

序章で紹介した「マシュマロ実験」では、15分間待てるかどうかが、子どもたちの成長後の社会的成功に大きな違いを生んでいることをお話ししましたね。たった15分なんです。できるようにしてあげたいと、思いませんか？

用意するものは、ストップウォッチです。キッチンタイマーか目覚まし時計でもかまいません。時間がきたら音が出るもの、安い単機能のもので、子どもが使って万一壊れても怒らなくてもいいようなものにしてくださいね。

使う場面は、おやつの時間です。いつものおやつを与えてください。

ストップウォッチを設定します。

時間が来たら、おやつを食べる。それだけです。

最初は、1分とか3分とか5分とか、短い時間を設定してあげてくださいね。

すぐ食べない。時間がきたら食べる。タイミングをつくる、タイミングを計るトレーニングです。

最初は一緒に待ってあげてください。

「1分待ってから、おやつを食べようね」

「今日は3分待ってみよう」

時計を見ながらでも、歌を歌いながらでも、いいですよ。カウントダウンをするとか、楽しく待てるように、工夫をしてください。

15分待てなくても、かまいません。もちろん、おやつの時間だけでなくていいんです。

何かを始めるタイミングを、ストップウォッチを使って計るだけです。子どもにとって、やりたいこと、楽しいことを始めるタイミングです。

スパゲティを茹でる、茹《ゆ》で上がりの時間を計ってもらってもいいですね。

お母さんに寝る前の本を読んでもらう、そのタイミングでもいいです。子どもが飽きないように、いろいろ工夫してみてくださいね。

時計が読めるようになる前のトレーニングとして、ストップウォッチは効果的です。

これをやっていくうちに、体の感覚として1分の長さ、1秒の長さを覚えていくことができます。この短い時間の感覚を、身体感覚として持っている人は、強いです。短い時間を上手に使えるようになるからです。

時間がない、と焦らずに、あとどれぐらい時間があるかを読めるので、落ち着いて行動できます。時間管理の面でも、精神性の面でも、強くなるのです。

現代において、「時間がない」「間に合わない」と感じる場面はかなり多いと言えます。その際に相当の精神的ストレスを受けることでしょう。

試験を受けるとき、締め切りがある仕事をするとき、この身体感覚があるのとないのとでは、ずいぶんな違いになってきますね。

あと5分しかない、と思うのと、あと5分ある、と思うのとでは、まったく違う精神状態だと言えるでしょう。もちろん、試験の出来や仕事の出来を左右するはずです。

さて、短い時間を待てるようなってきたら、今度は少し長い時間を待てるようにトレーニングしていきましょう。

たとえば、午前中に今日のおやつをいつ食べるか、話をして決めてもいいですね。明日の朝まで、日曜日まで、待てるように、やってみてください。楽しいことを楽しみに待つ、そのトレーニングです。

繰り返しますが、トレーニングですから、もし待てなくても、「罰」はナシです。子どもというのは、もともと「待てない」生き物です。だから少しずつでも「待てる」ように、トレーニングが必要なのです。怒ったり、脅したりしてしつける必要もありませんね。

「待てる子」のメリット

しかるべきときを待てると、どんなよいことがあるでしょうか。

たとえば、お金を貯めることができます。本当に欲しいものを買うため、まとまったお金を貯めるには、「待つ力」が大切です。

欲しい、買いたい、と思って、そのたびに衝動的に買ってしまっては、お金はいつまでも貯まりませんね。本当に必要なものか判断することもなく買ってしまうことで、後悔することも多いでしょう。

それから、順番を守ることもできるでしょう。

単に待てるというだけでなく、自分の番になるまで、イライラせず気持ちよく待てる力というのは、生きていく上で非常に役に立ちますね。

未来の時間を楽しみにして待つ、という力が、その子どもの人生において、きっと明るい未来を拓《ひら》いていくことでしょう。

習慣2 「整頓する」
――使ったものを元の位置に戻す

しばらく前に、断捨離《だんしゃり》って言葉が流行《はや》りましたね。その前は「掃除力」でした。近年、「お片づけ」が、整理整頓の力、一つの能力として、見直されるようになってきました。

心理学の研究、精神医療の研究、犯罪心理学の研究なども進んできていて、住んでいる空間が、住人の精神状態に影響を及ぼしていることは、かなり知られるようになっています。

心の状態と体の状態も関連していますから、調子が悪いなっていうときは、ゴミを部屋の外に出したり、ちょっとお部屋の換気をするだけでも体調が良くなります。

「整える」「揃える」「並べる」。空間を整然と保つことは、いずれも同じような効果があります。

それらを踏まえて、ここでは、「空間を保つ」ことを、トレーニングとして使いましょう。お部屋もきれいになって、一石二鳥です。


あ、「一石二鳥」って、いいですよ。オススメです。

もともとの意味は、一つ石を投げたら、たまたま二羽の鳥に当たった、というだけの「偶然、得をした」的な意味です。「たまたま、偶然」「努力以上の」結果を手に入れる、みたいな意味ですね。

でも、私は「一つの行動で二つ以上の結果を手に入れるように、行動する」という意味でオススメしています。行動原理の中に、「一石二鳥を狙うにはどうしたらいいか」という思考を入れておくということです。

一石二鳥を狙うためには、とりあえず、とか、手当たり次第に、という発想ではいけません。どうやったら効果的か、どうやったら、より多くの人のためになるか、という思考が必要です。

たまたま運よく、というのではなく、意図して運を良くする、意識して結果を上げるという思考方法です。

衝動的な行動を抑制するという意味で自制心も身につきますし、もれなく運が良くなりますから、ぜひ取り入れてくださいね。

このトレーニングの場合は、「自制心のトレーニング」と「片づけ」とが「一鳥」ということになります。

主たる目的は「自制心を身につける」、そして、「片づけ」もできれば、お母さんの家事も助かるわけですし、いずれ子どもには「家事能力」もつくわけです。

いい感じですよね。

こんなふうに、そうだ、それはやらなきゃ損だ～！　みたいに思えれば思えるほど、モチベーションは上がります。

やる気になるし、続けられるということですね。

「元の場所に戻す」と、モノも心も整えられる

このトレーニングは、「元へ戻す」というトレーニングです。

たとえば、
子どものマグカップを食器棚へ戻す
外から帰ってきたら、下駄箱へ靴を戻す
幼稚園のカバンを、カバン掛けに戻す

そのために必要なことは何でしょうか。

そうです、どこに戻すのかを明確にしておくこと、です。

子どものマグカップの位置に、シートを敷いて丸い印をつけてあげてください。マグカップの大きさと同じ大きさの丸い印です。

印どおりに戻せたかどうか、目で確認できるようにします。きっちり戻せるようにしてあげてくださいね。

下駄箱には、シールを貼ってあげてください。可愛《かわい》いイラストを描いてもいいし、子どもの靴の写真を撮って、貼っておくのもいいですね。

カバン掛けは、自分でかけられるように、子どもの背の高さに合わせてくださいね。同じように印をつけて、目で見て分かるようにしてあげてください。

いずれも、そのモノを使っている間は、何もない状態であるようにしてください。

そのモノだけの置き場、「空間」にしておくことが重要です。

「戻す」前に、そこにあるものをどける作業が入らないようにしてください。

「戻す」ことが楽しくなるように、声掛けしてあげてくださいね。

最初は一つか二つから、できるようになったら、増やしていきましょう。

だんだんと、「戻す」とは、こういうことだ、ということが、体に染み込んでいきます。

「戻す」と気持ちいいんだ、と感じるようになっていきます。

この感覚を感じ、「戻す」という言葉の意味と、「戻す」という具体的な行動が体で結びついたとき、はじめて、自分の意志で「戻せる」ようになるのです。

おもちゃをおもちゃ箱に「戻す」
絵本を本箱に「戻す」
洗濯し、たたんだ洋服をタンスに「戻す」
ハサミは、棚にあるカゴに「戻す」

自分のモノを戻せるようになってきたら、みんなのモノも戻せるように導いていきましょう。少しずつでいいんですよ。何もかも、完璧でなくて、いいんです。
少しずつ、「戻す」トレーニング、続けていきましょう。毎日続けることで、体に染み込ませていけます。

「戻す」というのは、秩序を保つのに必要な行動です。元の場所へ戻す、あるべき場所に戻す、元の通りにする、原状を回復するというのが、秩序を保つ基本です。

秩序が保たれている、というのは、人間にとって大切なことです。秩序が保たれているからこそ、安心して暮らせます。

家庭というのは、そこに住む人にとって、安心安全な場所であってほしいですね。だからこそ、家庭という場所で、秩序を保つために必要な「戻す」という行動を身につけてほしいと思います。

「秩序」は学校で教えてくれるもの、学校で学ぶもの、と思っている人が多いようです。でも、学校で人との関係や集団での行動を学ぶ前に、「戻す力」、家庭で教えておいてほしいものです。

習慣3 「揃える」――周りに合わせる

さて、次は、「揃える」トレーニングです。
何を、揃えましょうか？
前節で、「空間を保つ」というお話をしました。
玄関のスリッパを、きちんと並べる、「揃える」
いいですね、ぜひやりましょうね。
お洗濯したあと、靴下を一足ずつ組み合わせる、「揃える」

食事の前に、テーブルの上に、お箸《はし》を一膳ずつ、「揃える」

いい感じです。毎日、楽しく練習できそうですね。

ほかにも、ありますよ。


貯金箱にたまった、小銭を数えるために、並べる、「揃える」

お母さんのお財布の中の、お札を、並べる、「揃える」


楽しいですよ。お金って、いいですよね。

子どもにはお金を触らせない、と言われるお母さんがときどきいますが、本物のお金にぜひ触らせてあげてくださいね。おもちゃのお金では計算はできますが、「お金」の価値やパワーは教えられません。

お金を大切に扱えるようになるためにも、お金に触らせてあげてくださいね。もちろん、丁寧に扱うように教えてあげるチャンスにもなります。

ぜひ、やってみてください。

相手とリズムを合わせられるようになる

さて、私からのご提案は、「リズムを揃える」です。

幼稚園や学校でもやっていると思います。リズム遊び、とか、リズム教育と言います。

これって、苦手な子は苦手ですよね。私も苦手でした。いわゆる「リズム音痴」だったんですね。

この、「リズムを揃える」が上手にできないと、「ノリが悪い」ことになってしまいます。

コミュニケーションが上手に取れていない人を観察すると、相手とリズムが合っていないことが多いのです。

「傾聴法《けいちょうほう》」って、聞いたことありますか？

そうですね、カウンセリングやコーチングの技法です。クライアント（相談者）の話をしっかりと受け取りながら聴くために開発されたスキルです。

この「傾聴法」の中に、**「ペーシング」**というものがあります。クライアントの話を聴きながら、ペースや呼吸を合わせていく技法です。

相手がテンポよく話をしているときには、テンポよく、ゆっくりとした話し方になったら、それに合わせてゆっくりと、クライアントのペースに合わせて話を聴くと、相手の話す内容だけでなく、その深い背景や感じている感情や感覚まで、受け取れるようになるのです。

カウンセラーやコーチのような仕事をしている人でなくとも、コミュニケーションが上手い人は、無意識のうちに、「ペーシング」をしていることが多いんです。

「阿吽《あうん》の呼吸」って、聞いたことがあるでしょう。コミュニケーションの上手・下手って、「理路整然と話ができる」とか、「理解力がある」とかだけではなく、呼吸を合わせて体全体で聴けているかどうかに関係してくるんです。

そして、話をするときにも、**相手のリズムを感じながら話をする人は、相手の心をつかむことができます。**

よく、独り言みたいに話をする人がいますね。話を聞いていると途中で眠くなる人です。

そういう人の特徴は、その場にいて話を聞いている相手のことを感じていないということです。同じ空気を共有しているという意識がないのです。

話の内容に興味があるとかないとかではなく、それ以前の問題です。相手のことを感じていないので、相手が眠そうだということも感じられません。

相手のことをしっかり見て、相手の呼吸を感じて、話をする人の話は、眠くなりません。呼吸を感じて、呼吸を合わせているから、話が生き生きしてくるからです。ライブ感がある、と言ったら、分かりやすいでしょうか。

相手のリズムに合わせられることは、コミュニケーションを取る上で大切な力だと私は感じています。

最近の子どもたちや若者たちには、この「相手を感じて、相手に合わせる」力が不足していると感じます。

小さいときにトレーニングして、できるようになっていたら、いいですよね。

親子で足を揃えて歩こう

あ、でも、そんな難しいこと、しないんですよ。ちょっとの時間で、できます。簡単です。

まず、お母さんと子どもが、手をつなぎます。

二人の足を「揃えて」歩きましょう。

声も出しますよ。

「いち、に、いち、に、……」
(右足、左足、右足、左足……)

できましたか?
子どものリズム感、観察してくださいね。
声に合わせて足は動いていますか?
ちょっとゆっくりですか?　スピードを合わせてくださいね。
足を速くしてもいいし、声を遅くしてもいいんですよ。
きっちり合うように、意識して歩いてみましょう。
合ってきたら、「いち」だけ言って、右足だけ合わせてみましょう。
左足のときは、無言ですよ。

「いち、（無言）、いち、（無言）……」

揃いましたか？

次は、「に」だけ言って、左足で揃えます。

「（無言）、に、（無言）、に……」

難しかったら、「いち、に、いち、に」に戻していいですよ。

今度は、歌を歌いながら、その歌のリズムに、足を揃えて歩いてみましょう。

おうちの中だったら、音楽をかけてもいいですね。

お父さんやきょうだいも一緒に、リズムを揃えて歩いてみましょう。

ダンス、というほど、激しくなくていいんです。フツウの二拍子や四拍子でかまいません。あ、三拍子はちょっと歩きにくいかな。

エネルギーの高い子どもであれば、単に歩くだけでなくて、ピョンピョン飛ぶとか、ケンケンにするとか、手も振るとか、動きを大きくすると、楽しいですよね。

あれっ？　この子、意外にリズム感、いい！　という場合は、リズムが速いものや複雑なものに挑戦してもいいかもしれません。


子どもと一緒に歩くとき、ちょっとでいいので、トレーニングしてみませんか。

いつもどうやって歩いていますか？

スマホばかり見ていませんか？

時間のことばかり気にしていますか？

ほかのこと考えていますか？

保育園に遅れる、とか、早く帰ってご飯つくらなきゃとか。

子どもの呼吸を感じていますか？

子どものリズムを感じていますか？
一緒に歩いて、楽しいですか？

子どもと手をつないで歩くのって、いつまでもは、できません。ちょっとだけ、子どもに注意を向けて、一緒にリズムに乗って歩いてみましょう。

楽しいですか？　幸せを感じますか？

もしかしたら、お母さんのそのゆとりが、子どもの自制心を育む土壌になっているかもしれませんね。

習慣4「いつも通りにする」
——安定した心や生活を保つ

子どもにとって、安定と安心というのが大切であるということをお伝えしてきました。

その大切な**安定と安心は、「いつも通りにする」ということで保つことができます。**

何を、「いつも通りに」しましょうか？

まずは、食事、睡眠です。

それに、お風呂を加えましょう。

え、そんな当たり前のことですか？　それで、トレーニングになるんですか？

って、疑問に思いましたか？

はい、なるんです。しかも、それが一日の重要なポイントが押さえられる「ツボ」です。

子どもの情緒が安定する「食事、睡眠、お風呂」のコツ

解説しましょうね。まず、食事です。

一日三食、食べない人も増えているそうです。しかし、成長期の子どもには、三食きちんと、食べさせてくださいね。

幼児期は三食プラスおやつ、で成長に必要な栄養を摂ることができます。幼児は一度に食べられる量が少ないので、一日に必要な量を四回に分けて摂るんですね。

大人がダイエットや健康のために、一日の食事の回数を制限するのはかまいませんが、子どもには同じようにしないでくださいね。

そして、摂取するのは「栄養」であって、「カロリー」ではありません。

朝ごはんのメニューがポテトチップス一袋、なんて、いけませんよ。カロリー過多の栄養不足になってしまいます。ポテチを渡すくらいなら、おにぎりにしましょう。おにぎりを握るのも無理なら、ご飯と梅干しでいいです。

栄養の話ではないので深く掘り下げませんが、人間には、生命維持に必要な栄養素というものがあります。タンパク質・炭水化物・脂質のほか、ビタミンやミネラルも含め、バランス良く食べさせてあげたいですね。

どの食事も栄養のバランスがいいように、と考えると大変すぎますから、一日の中で、つじつまが合うように意識してもらえれば十分です。

でも、三度の食事を「栄養を摂る」ためだけのものにしては、もったいないです。食事の時間は、いいコミュニケーションを取る機会にしましょう。

美味しいものを食べているときは、いい気持ちになりやすいですね。いい気持ちで、いいコミュニケーションを取るのは、難しくありません。ちょっと気をつければ、いいんです。

気をつけるポイントは、「話題」です。

家族で一緒に食事をするのを楽しむことが最優先ですから、深刻な話や、ネガティブなニュースは、話題として向きません。テレビをつけて食事するところも多いでしょうが、暗いニュースはスルーしましょう。

欧米では、食事をするときのマナーとして、政治と宗教の話はしない、というのがあるそうです。意見が対立しやすい話題を避けて、食事を楽しめるようにする智恵ですね。

もちろん、子どもを叱るのは、食事以外のときにしてくださいね。ご飯、まずくなっちゃいますからね。

夫婦ゲンカもやめてくださいね。

それから、睡眠です。

いつも同じ時間に寝るように、してあげていますか?

ご家庭によって、いろいろと事情はあるでしょうが、できるだけ同じ時間に寝床に入れるようにしてあげてほしいです。少なくとも、小学生までは夜更かしグセがつかないように、気をつけてあげましょう。

部屋を暗くして、テレビや音の出るものは消しましょう。清潔で気持ちいいお布団で、落ち着いて安心して眠れるように工夫します。

小さいうちは、お昼寝もありますね。たとえ短い時間でも、質の良い睡眠ができるように、配慮してあげてくださいね。

そして、お風呂ですね。

大変幸運なことに、私たちは日本に住んでいて、毎日当たり前のようにお風呂に入れます。蛇口をひねれば、きれいなお水が出ます。飲んでもかまわないきれいなお水です。

ガスや電気ですぐに温かいお湯になります。

ありがたいですね。このありがたい時代に生きていることに感謝して、お風呂、入りましょうね。

シャワーですませる人も多いかもしれませんが、できれば、浴槽にお湯を張って、子どもと一緒につかってください。

私たちの体は、常に重力の影響を受けています。まったく意識はしていませんが、重力で下に引っ張られる力に抵抗するために、筋肉も骨も、神経も、ずっとずっと緊張しているのです。

湯船につかることで、この緊張から体を解放することができるんですよ。体も心もほぐれる絶好の機会です。子どもと一緒に、楽しみましょうね。

食事と睡眠、そしてお風呂。

この三つのポイントを押さえると、一日の時間配分のおおよそが押さえられます。この三つを、「いつも通り」にすることで、子どもの心と体の「安定・安心」が担保されるんです。

子どもの心の「安定・安心」に不安がある、となったときに、子どもに対する愛情が足りないんじゃないか、とか、関わってあげる時間が短いからかしら、とか、自分の育児に自信がない、というお話をよく聞きます。

それらをどうにかするのも大事なことかもしれませんが、すぐには変えられませんし、物理的に無理なこともあるでしょう。

それよりも、毎日の「食事・睡眠・お風呂」を見直してください。そのほうが、圧倒的に効果があります。

土曜・日曜の、行楽やイベント、頑張りすぎてお金も体力も使い果たしてないですか？

仕事の帰り、時間もなくて疲れているのに、子どもの習い事の送り迎えとか、ムダなエネルギー使ってないですか？

それが悪いとは言いませんが、ポイントがズレているかもしれません。

真に重要な二割に集中すれば、成果の八割を上げることができる、と聞いたことがありますか？　パレートの法則、っていいます。
真に重要な二割。それが、「食事・睡眠・お風呂」です。

「いつも通り」に繰り返すのが、心地よい。
「いつも通り」に繰り返すと、幸せだ。
「いつも通り」に繰り返すと、元気になれそうだ。

そう感じられるような「食事・睡眠・お風呂」にしてあげてくださいね。

あれっ、これって、子どもでなくて、親のトレーニング？
って、気づきましたか。
そうですね、親のトレーニングです。子どもにとって親の影響は絶大です。
「食事・睡眠・お風呂」が大切なんだ、と子どもに伝えてくださいね。

習慣5「静かにする」
――声の大きさのコントロール

学校で、脈絡なく大声を出して騒ぐ子どもがいますよね、私にはその子どもの状態が分かります。私も急に大声を出して、周りをびっくりさせたことがあるからです。

私が小学校に上がったばかりのころのことです。廊下で急に大声を出して周りをびっくりさせたことをよく覚えています。自分でもびっくりしたんですよ。そんなに大きな声を出すつもりではなかったんでしょうね。出してみるまで、どれぐらいの大きさなのか、子どもには分からないということですね。

どうして大きな声を出したのか、よく分かりませんし、それで怒られたかどうかは覚えていないんですが、通知表には、「奇声を発することがある」と書かれていました。小学校の一年生ですね。

通知表に書いてあるのを見て、ああ、大声を出すというのは、「奇声を発する」ということなんだな。よくないことなんだ、大声を出すのはやめようと思いました。それ以来、無口になったんです。

大声を出すのをやめようとすると、自然と無口になるわけですね。

子どもには、全開と全閉しかありません。原付バイクみたいですが、全開と全閉、全力で声を出すか、黙っているか、です。

ボリュームの調整機能がついていないってことですね。

子どもに静かにさせるときに、「シーッ」と指を口の前に立てて、しゃべらないように言ったり、「お口チャック」と言って無言にさせたりしますね。この方法ももちろん有効です。

ただ、子どもにとって長い時間、無言でいることは、とてもツライことです。静かに話す、小さい声で話せるように練習しておくことで、公共の場や寝ている人がいるような静かにすることが望ましい場面でも話ができるようになったらいいですね。

ボリューム調整機能をつけましょう。適切な声の大きさで話せるように、トレーニング、開始です。

お母さんの合図で、声の大きさを調整できるようにしよう

ここでは、合唱や合奏の「指揮」の方法を使います。

合唱では声を大きくするときには指揮の先生が手を大きく振り、声を小さくするときは手の振りを小さくします。目で見た合図と声の大きさを連動するように教えておいて、そのように練習しますね。それと同じです。

お母さんが手を振って、声を大きくしたり小さくしたりする練習です。

ただ、静かにしなくてはいけない場所で、指揮者みたいに大胆に手を振るのはお母さんにとってもリスクなので、もう少し目立たない合図にしておきましょう。手を上に上げたら声を大きく、下げたら小さくするという合図を決めます。

練習ですから、大きくするときは、遠慮なく大きくします。遠慮なく大声を出すと、どれぐらいなのか、知っておくことも必要です。手を下げますよ、中くらい、そして、小さくしていって、聞こえないくらいになったら、また大きくしていきますよ。最初は、「あー」とか、声を出すだけで、練習します。

上手に調整ができるようになったら、今度は、話をしながら、声の大きさを変えるトレーニングです。

話し続けながら、ボリュームを調整するのは、意外に難しいです。ときどき、ひそひそ話をしているつもりの人の声が、小さくなっていなくて丸聞こえってこと、ありますよね。お母さんもやってみてくださいね。

「ひそひそ話」をするときの、「ひそひそ声」、小さい声で話すのは、「ささやき声」。ささやく練習、ひそひそ話の練習、してみてくださいね。

そして、静かにしておくのが望ましい場所、病院や図書館、高級なレストランなどに行くときには、ここは静かにする場所ですよ、と伝えましょう。

練習通り、小さな声で話しましょう。声が大きすぎたら、合図です。練習通り、手を下へ下げましょうね。

習慣6 「止める」――行動を切り替える

自分で自分の行動を止められないというのは、本当に困ったことです。

車がたくさん走っている道路に急に飛び出す。
高い所から、持っているものを落とす。
投げたらいけないものを、投げる。
ガラス片など、触るとケガをするようなものを、触る。

子どもって、そんなことをしてしまいますね。危険ということが理解できずに、衝動的に行動するのです。

突発的に行動するタイプの子どもを持ったお母さんはいつもハラハラ、気が休まりません。

だからこそ、危ないということが理解できるまでは、誰かがついていて、危険から守らなくてはいけませんね。

とはいっても、エネルギーの高い子どもが、急に行動するのを、走っていって止めたりすることは、実際には不可能です。

そのときに、ぜひ、身につけてほしいこと、

それは、お母さんがストップと言ったら、止まることです。

これなら、離れていても、止めることができます。

衝動的な行動を「ストップ！」

まずは、「あぶないとき」に行動を止める、フリーズする、トレーニングをしまし

ょう。

「あぶなくないとき」に練習です。

音楽などに合わせて、子どもを自由に歩かせます。
合図があったら、その場に、ストップ！　止まらせます。
ピタッと止まれるように、体に覚えさせてくださいね。

できるようになったら、今度は歩く速度を上げましょう。
速歩き、小走りでも、止まれるように練習しておきましょうね。

歩く、止まる。
走る、止まる。
体をどうやって動かすと、止まれるのか。身につけさせてくださいね。

お母さんは、子どもが衝動的に行動してしまうということを意識しておく必要があります。

危険のあるようなところへ連れて行くときには、あらかじめ注意をしておくのがいいですね。

そして、万一のときは、「ストップ!」

合図を出してください。

バリエーションとしては、
合図があったら、しゃがむ。
合図があったら、椅子に座る（椅子取りゲームですね）。
合図があったら、机の下にもぐる（地震対策にもなりますね）。
なども、練習しておいてもいいかもしれません。

このトレーニングは、おうちの中だけでなく、公園など安全な戸外で行うのもいいでしょう。どんな危険がありそうか、確認しながら必要なトレーニングをしましょう。

いつも行く公園のどこに危険な場所があるか、子どもがどんな行動をしそうか、予測を立てておくのも、大事なことです。

道路に飛び出しそうなとき、
お友だちを叩いてしまいそうなとき、
物を投げてしまいそうなとき、
「ストップ！」
行動を止めてあげてください。
止めることができたら、「できたね！」って、喜んであげてくださいね。

子どもは大人のようには、体の制御ができません。
体操教室やスイミングスクールに通って、体の動かし方を習うこともいいことですが、危機回避の訓練として、家庭でできることもあるのです。

子どもにとっては、お母さんと一緒に練習できることは、嬉しいことです。

体操教室の先生やインストラクターのようなプロに任せきりにするのではなくて、子どもの体のこと、体の動かし方、コントロールのしかたを一緒に学んでいくのがいいと思います。


自分の衝動的な行動を、自分で止められるんだ、と教えてあげてください。

経験として、学ばせてください。

実際に、止められるという経験を積ませてくださいね。

習慣７「感情のコントロール」

——怒りをやり過ごす

怒りの感情を抑えきれずに爆発させてしまう。

子どもだったら、よくあることです。怒りん坊とか、かんしゃく持ちとか言われることですね。怒りの感情を感じて、それを表面にすぐ出してしまう状態です。

ギャン泣きしたり、地団駄《じだんだ》を踏んだり、しますね。

感情は表に出したほうがいい、って聞いたことありますか。

表面に出さない感情が、心の奥にくすぶるのがよくないとか、素直に感情を出したほうが、子どもらしいとか。

もっともな話なのですが、ちょっと注意点があるのです。

それは、**怒りの感情は表現すると、増幅する**という特徴があるということです。ギャーギャー怒ることで、ますます怒りに火がついて燃え上がるのです。

どうしてこんなことになるかというと、怒りというのが、身を守るためにある感情だからです。

動物は攻撃されると、防衛しなくてはなりません。防衛するためには、戦うか逃げるかどちらかです。どちらも、エネルギーが必要ですから、ギャーギャー怒ることによって、そのエネルギーがますます高くなるようにプログラムされているのです。

怒っている感情という火に、「ギャーギャー怒ること」で油をかけている、という状態だと言えば分かりやすいでしょうか。

子どもが怒っているときに、お母さんが大きな声で怒ると、油が注がれたことになります。火事が鎮火するどころが、もっと炎上してしまう危険がありますね。

だから、「騒ぐな！」とか、「怒らないの！」とか大きな声で怒ったり、「静かにしなさい」と注意しても、効果がないんです。

子どもの怒りをしずめるには、「叱る」のも「放っておく」のもNG

怒りをしずめるためには、ギャーギャー怒って、怒りを表に出すことは逆効果です。

では、どうすればいいのでしょうか。

動物的な怒り、激しい怒りは、時間が経過すると収まります。

それは、怒りのエネルギーが切れてくるからです。エネルギー切れです。

それでは、放っておいたら、いいのでしょうか。

それも悪くはありません。

でも、自分が怒っているのに、お母さんから無視されるということになるので、それも子どもにとっては、悲しいことですね。

怒りをはじめ、ネガティブな感情のコントロールのことを、**「アンガーマネジメント」**と言います。

怒りの感情は、本来の感情ではなく、二次感情と呼ばれることがあります。

本来の感情とは、不満、悔しさ、寂しさ、悲しさなどです。それらの一次感情がきちんと処理されないことによって引き起こされる感情が、「怒り」です。

いくら「怒り」を表現しても、スッキリしないのは、怒りが二次感情であって、もともとの一次感情が残っているからです。


よく分かりませんか？

たとえば、子どもがお母さんのお膝に乗りたかったとします。ところがお母さんのお膝には、もう妹がちゃっかり乗っています。

お母さんに甘えて、「私もだっこして」と言えばよかったのですが、それはお姉ちゃんとしてのプライドがあるので我慢しました。

ところが、妹はお姉ちゃんが我慢してるのに気づきません。当たり前の顔をしています。憎らしくなって、つい、妹の髪を引っ張って意地悪をしてしまいました。

それを見てお母さんは、言います。

「ダメでしょ、何もしていない妹をいじめるなんて。悪いお姉ちゃんね」

お姉ちゃんだから、我慢してたのに、妹にお母さんのお膝を譲ったのに、お母さんは自分のことを分かってくれない。妹の味方ばかりする。私のお母さんなのに。

分かってもらえない悲しさや悔しさを、表現するのには、子どもの語彙《ごい》は足りません。

泣いたり、怒ったり、するしかないのです。

こんなこと、よくありますよね。

「怒り」を怒りとして表現するのではなく、もともとの一次感情は何なのかに目を向けることで、感情の爆発は防げるんですね。

でも、いったん「怒り」として出てきたものを、抑えられるようになっておく必要もあります。落ち着いてからでないと、なぜ怒っているのかを聞いてあげることもできないですからね。

それに、本当は悲しかったり悔しかったり寂しかったりしてるのに、いつまでも怒り続けて「怒りん坊」って言われる子ども、かわいそうですね。
どうにか、してあげましょう。

心の中の「怒りん坊」を追い出す魔法の呪文

ここでは、数を数えながら、怒りの感情をしずめるトレーニングをお伝えしましょう。

それは、数を数えること、です。

ゆっくりと、数を数えることを教えてください。1からゆっくりと、10まででいいです。

怒りん坊が治る、魔法の呪文です。

ゆっくりと、数を数えます。

1から、10まで。

また、1から、10まで。

◯◯ちゃんの中の、怒りん坊がいなくなる、魔法の呪文だよ、と言って教えてあげてください。


一緒に数える練習をしておきます。

ゆっくりと、同じテンポで数えるのがポイントです。

1秒間に1ぐらい、メトロノームでいうと、60ぐらい。

声は低めで、単調なくらいがいいです。


そして、子どもが怒っているとき、ギャーギャー泣いているとき、落ち着いた声で数を数えてください。

子どものそばで、数えます。

もし可能なら、体に触れてあげてくださいね。

手をつないだり、肩にさわったりします。

「こわくないよ、大丈夫だよ」という気持ちで、子どもとつながってくださいね。


ゆっくりと、繰り返します。

1から、10まで。

また、1から、10まで。

「こわくない、こわくない」

「ひとりじゃないよ、大丈夫だよ」

「お母さんは、わかってるよ」

そう、心で伝えながら、数を数えます。


お母さんの気持ちが、落ち着いてきたでしょう？

子どもの怒りも、しずまってきましたね。

どうですか。怒りん坊、いなくなりましたか？

◯◯ちゃんが、怒りん坊なのではなくて、◯◯ちゃんの中に、怒りん坊がいるだけです。

◯◯ちゃんの気持ちが落ち着いたら、怒りん坊は出て行きます。

「波長同通《はちょうどうつう》」の法則って聞いたことありますか？

「怒り」の波長は、怒りのエネルギー、怒りの波となって、周りの人の心を揺らします。

目には見えないけれども、影響していくんですね。量子物理学という研究では、すべてのものに波長があるそうです。

怒ってばかりいる人は、そうでない人よりも、ネガティブな波を多く発信しています。発信したものが戻ってきますから、ネガティブな感情や出来事が戻ってくることが多くなります。

「怒りん坊」になっている人には、怒るような出来事が次々と降りかかってきます。

「怒りん坊」でない人よりも、そんな出来事が多い人生になってしまうんですね。

そんな「怒りん坊」は、心から追い出してしまいましょう。なるべく早く追い出して、理性を取り戻すことができるようになっていましょうね。

「絵本の読み聞かせ」で、もやもやした感情を解放する

さて、次は、「怒りん坊」を心の中に作り出さないように、しておきましょう。

感情を言語化して、先ほどお話しした、一次感情を出させる援助をするということです。

でも、子どもたちはまだまだ語彙も表現力もありませんね。どうやって、感情の言語化をしたらいいでしょうか。

ここでは、絵本を使いましょう。絵本の読み聞かせが効果的です。

絵本のくまちゃんが、ひとりぼっちでさみしかったら、さみしさを感じながら読んでください。

くまちゃん、迷子になっちゃった。

え〜ん、え〜ん、泣いてくださいね。

子どもと一緒に、え〜ん、え〜ん、って、泣いてください。

泣きまねで、いいんですよ。


おなかいっぱい、ぱんぱんだ〜

おなか、くるしい、くるしいね。

一緒に苦しがってくださいね。


絵本には、いろいろな登場人物が出てきます。いろいろなストーリーがあります。

いろいろな感情を味わうことができます。

登場人物が感じている感情を、一緒に感じたり、一緒に泣いたりすることで、心の中の感情が解放されます。

感情を出すことでスッキリするのです。必ずしも、自分の感情でなくても、いいのです。

映画を見て泣いたら、スッキリしてるでしょう?

同じことです。

悲しい、寂しい、つらい、って言えない子どもの気持ちを、出す援助になります。感情を味わう練習になります。

子どもが自分で本が読めるようになるまで、読み聞かせしてあげてくださいね。

映画やテレビ、DVDでも、もちろんいいのですが、おうちでお母さんが手をかけてあげられるなら、ぜひ、絵本にしてみてください。

読書の習慣は、自制心を育むのにも効果的です。

テレビなど映像から得られる学びは受動的な学びですが、本から得られる学びは、能動的な学びです。読書好きな子どもに育てることで、自主的に学ぼうとする姿勢が身につきます。

絵本を読み聞かせることで、本に親しむ機会に、してあげてください。

ケース⑦　親をたたく、かむ

こんなケースがありました。

Eちゃんはもうすぐ2歳、元気な女の子です。お母さんは初めての子育てに、とにかく一生懸命取り組んでいます。実はお母さんの両親とも学校の先生。親譲りの真面目な性格のお母さんです。

お母さんの悩みは、Eちゃんがお母さんのことを蹴ったり叩いたり、噛んだりすることです。Eちゃんにはまったく悪気はなく、だから、Eちゃんを怒ったりできない、とおっしゃいます。

でも、痛いでしょ？　どう対処してるんですか？　と聞くと、がまんできないときは、逃げる、そうです。

そうしたら、Eちゃんは？

ギャン泣きです。

お母さんは、自分が怒られて育って、何かあると親の顔色を見てビクビクする子どもだったから、自分は子どもを怒りたくない、と言いながら、固くて苦しそうな表情です。

でも、人を蹴ったり叩いたりするのは、よくないですよね？　お母さんも、痛いのを我慢するのはイヤですよね？　今の段階でやめさせておかないと、大きくなったらもっと力が強くなって、もっと痛いですよ。

「はい、どうにかしたいです。でも、言っても分からないので……」

それでは、作戦です。

Eちゃんが、お母さんのことを叩こうとしたり蹴ろうとしたら、大げさに顔をしかめて「痛い、痛い！」と騒いでくださいね。「イヤだ、イヤだ！」と繰り返し大きな声で言ってください。

叩かれたら、真剣に泣きまねをしてください。Eちゃんのギャン泣きに負けないくらい、大きな声で。

Eちゃんが、びっくりして、やめるまで、大きな声で、大げさに、です。
Eちゃんが、叩くのをやめたら、泣きまねをやめて、ニッコリして、「好き好き〜!」とハグしてくださいね。

ちょっと練習しましょうね、と言って、お母さんとロールプレイをして練習しました。お母さん、大きな声を出したのは、本当に久しぶりだったそうです。ニッコリするのも、忘れてた、と言われてました。

「好き好き!」と言ってハグするときには、涙も浮かんでいましたね。

子どもと一緒に、泣いたり笑ったり、大騒ぎしたりして、子育てを楽しみましょうね、とお伝えしました。そうすることで、お母さん自身の心のなかの、育ちきらない小さなままの子どもも、少しずつ解放されていきます。子育ては、自分自身も育て直す機会なんですね。

第4章

わが子が望みどおりの人生を歩んでいける！

「心のアクセルとブレーキ」の上手な使い方

1 心のアクセルを、ゆるめる

さあ、第3章の自制心トレーニングで、衝動的に動いてしまう体を制御したり、感情を安定させたり、できるようになってきました。

自制心が育ちにくい子どもたちの特徴として、脳と体との連携がうまく取れないということがあります。

トレーニングで、体を実際に動かしながら、体と思いをつなげたり、思い通りに体を動かせるようになってきました。思ったように体を動かせないと、イライラしがちです。思い通りに体を動かすためには、練習が必要なんですね。

自分で自分の体や感情をコントロールできるコツを知って、うまくサポートしてあげてくださいね。

第4章では、自制心の有効な使い方、自制心が働きやすい状態をつくる方法をお伝えします。

まだ自制心が十分に発達していない子どもたちに、自制心を有効に働かせることができるいくつかのポイントがあります。

どちらかというと自制心があまりないな、と感じている大人（私も含まれます）にも有効です。

それは、メンタルのトレーニングです。

目標に向かって努力することで身につけた強いメンタルは、一生の宝

それでは、ちょっと復習です。

自制心を育む目的は、本当にしたいこと（目的・目標）を、決めた通りにやれるようになる、ということでしたね。

欲望や感情に振り回されず、場当たり的な行動ではなく、本来望んでいた通りの行動が取れるようになる、ということです。

メンタルのトレーニングをすることで、子どもたちが将来、夢や目標に向かって努力できるようになります。

夢をかなえられるかどうか、目標を達成できるかどうかは、子どもたちの努力次第ですが、そのスタートラインに立てるように、サポートしてあげたいものです。

高い目標を達成するためには、自制心が必要です。

社会のなかで、自制心のない人が、仕事で成功したり、実績を積んだりすることは、まずありません。

偶然や、まぐれのように成功することはあっても、持続的な成功を維持することは難しいのです。

社会に出るまでの間の、子どもの自制心が育まれる機会としては、受験勉強、そしてスポーツなどの部活動があります。

普通に勉強をしたり、楽しみのためにスポーツをするのとは、違います。目標を掲げて行動するということは、一定の厳しさがあります。期限も来ます。成功、失敗という結果も出ます。

受験勉強や部活動を通して、子どもたちは、自分の生理的な欲求を抑え、わがままを抑え、目先の快楽よりも、本当に手に入れたいものを優先できるようになっていきます。

現代には、学歴社会という神話はもうほとんど残っていませんし、学生時代に学んだことは、実社会ではあまり役立つことはありません。

しかし、一定の期間、目標に向かって努力を続けたことによって育まれた自制心というものは、一生の宝になります。

私はかつて予備校でたくさんの子どもたちの受験指導をしましたが、この受験の時期を乗り越えた子どもたちが、悩んだり苦しんだりしながら自制心を身につけていく姿が、一番好きでした。

また、柔道や剣道の段位を取るとか、コンクールや大会に出て勝利するなど、高い目標を持って精進する部活動やその他のスポーツ活動、芸術活動も、それ以上に自制心を育む機会になっているはずです。

とくに、個人でやるものでなく、団体戦を経験すると、独特のものが得られます。全体のために自分のわがまま、欲望を抑え、みんなと目標を共有して達成していくなかで、ドラマがあるからです。

就職試験で、「学生時代に打ち込んだものはありますか」という質問が定番になっていますが、それは、学生時代に自制心を育む機会があったかどうかを問うているのです。

目標を達成し、成功している人は、もれなく自制心、強いメンタルを持っています。でも、最初から持っていたわけではないのだ、ということを思い出してください。

「自制心を持って生まれてくる赤ちゃんは、いない」のです。

目標を達成するうちに、自制心が強くなってきたのです。

ということは、達成の途中では、ヘタレたり、ダメダメだったり、したことがあるんです。見せていないだけ、見えていないだけです。

今、自制心がないから、将来も成功しないというわけではないのです。誰にも、成功する可能性は、あるのです。

何だか、勇気が出てきませんか？

この本を手にとってくださっているお母さん方の子どもさんは、まだ受験や部活動などをする年齢にはなっていないかもしれません。ちょっとだけフライングして、「自制心を上手に使うコツ」をお伝えしていきましょう。

脳が疲れきる前に、休ませること

メンタルのトレーニング、と聞くと、自動的に「根性」「気合だ！」とか、「うさぎ跳び」とか、滝に打たれる、などと連想してしまう人もいるかもしれませんね。

でも、そんな根性論では、ありません。知識と実践に基づいた理論があります。

やみくもに頑張ったり、しなくていいんですよ。むしろ「頑張りすぎない」ことが重要だったりします。これから、分かりやすくお伝えしていきます。

私たち人間の脳には、特徴があります。その特徴を上手に生かすと、少ない「自制心」でも、やりくりすることができるんです。

まるでお給料日前に、冷蔵庫にあるものでありあわせのご飯をつくれる主婦のように、です。

いいですよね。

私たち人間の脳には、三つの特徴があります。

①長持ちしにくい
②いったん始めたら、止まらない
③直接コントロールできない

りましょう。

この特徴をよく知って、それに逆らわず、むしろ生かして、望み通りの結果をつく

まずは、「長持ちしにくい」です。

脳は、疲れやすいのです。長時間のストレスにさらされると、とたんに動きが鈍くなります。栄養不足や睡眠不足の影響も、すぐに脳の働きに出ます。

体が丈夫な人ほど、脳の疲労には気づきにくく、もう頭が動いていないのに、ムダに粘ったりします。そんな状態では、集中できません。いいアイデアが出るはずもなく、記憶できるはずもなく、成果があがるはずもありません。

そして、「やってもダメだった」「おれは、やってもできない人間だ」などという学習をしてしまうのです。本当にもったいないですね。

対策は、「アクセルをゆるめる」です。

疲れきる前に、アクセルをゆるめて、脳を休めましょう。

えっ、メンタルトレーニングなのに、いきなり、「休め」ですか？

と聞かれそうですね。

そうなんです。自制心がある人は、いいんですよ、休んでも休まなくても。

でも自制心の「持ち合わせ」の少ない人は、トレーニングとして、脳を休ませてください。

「勉強15分、休憩3分」を繰り返す

集中できる時間は、人によって違いますが、相当長く持つ人でも、90分から120分です。120分持たせられる人はトップクラスと言っていいでしょう。

子どもだったら、30分続けば、優秀です。

限界まで頑張って、もうダメだ、ってなったら休憩してませんか？ その休憩の時間で回復していますか？

もうちょっといけるな、と思うくらいで休憩を入れるほうが、長持ちします。

「宿題ができるまで、机を離れちゃいけません」などと、言ってませんか？
短い休憩を入れて、椅子から立つほうが、効率的かもしれません。
宿題の途中でダラダラになってしまう子には、次の方法、試してみてくださいね。

宿題15分、休憩3分、で繰り返してみてください。
タイマー使ってくださいね。
「キリのいいところまで」とか、思わずに。
休憩は必ず席から離れます。
水分を摂るのもいいですね。トイレも行ってくださいね。

そんな細切れで、勉強になるのか？　と思いますが、やってみると、意外に成果が出ます。

15分持たない子なら、10分でも7分でもかまいませんよ。

もちろん、30分続けられる子どもには、必要のないことです。でも、続けられる子どものほうが少ないんですよ。

よく観察して、30分集中力が保てているかどうか、やり始めとやり終わりの出来に差がないかどうか見てあげてください。

筆圧が薄くなってきたり、字が乱れてきたり、計算をするのが遅くなってきたりしていませんか?

姿勢が崩れてきていませんか?

「ちゃんとしなさい」と言うよりも、休憩です。

休憩は長すぎてはいけません。エンジンストップしてしまう危険があるからです。

アクセルをゆるめるだけですよ。


大人も、ぜひ取り入れてほしいと思います。

「過緊張《かきんちょう》」って、聞いたことありますか? 現代人に多い症状です。

心も体も、いつもいつも緊張していて、肩こりがひどかったり、首が回らなくなったり、眠いのに夜になっても寝付けなかったり。

交感神経というアクセルをゆるめることができないために、起こる症状です。

脳が疲労して、仕事の効率が悪くなっているのに、休まない。仕事ができていないので、休めない。休まないから、効率が悪い。そうやって自律神経のバランスが狂ってしまうんですね。

いったんそうなったら、心身の不調となって外へ表れるまで、休めません。病気になるか、ケガをするか、心を病むか、どれかです。回復にも時間がかかります。

脳が長持ちしにくい、疲れやすいということを知って、疲れきる前に休むという習慣をつけることで、未然に防ぐことができます。

メンタルのトレーニング、細切れに休憩を入れて、「アクセルを、ゆるめる」。

ぜひ、やってみてください。

2 心のブレーキを、かける

さて、次です。脳の特徴、二つ目は「いったん始めたら、止まらない」。たとえば、ゲーム。たとえば、マンガ。たとえば、動画。

大人だったら、お酒。ギャンブル。タバコ、覚せい剤、麻薬もです。

「ネットやゲームをやめられない」のは子どものせいじゃない

脳は、変化を嫌うという特徴を持っています。変化することを避けます。今まで通りにしたいのです。

とくに、楽しいこと、快楽を得られること、気を紛らわせることができることを、やめるのは至難のわざです。

「ゲームを30分だけね」と約束しても、ついつい延びてしまいます。試験前に1冊だけ、と手を伸ばしたマンガ、最終巻になるまで読み続けますね。

人間の脳は、いったん始めたものを、やめることができない、変化したくないのです。

前節でお話ししたように、脳は疲れやすいので、その疲れを最小限にしようと働きます。省エネが得意なのです。変化を起こすときには、エネルギーがたくさん必要です。

今まで経験したことがないことをするわけですから、いろいろなことを考えなくてはいけません。

どんなことが想定されるのか、脳は一生懸命シミュレーションをします。あらゆる事態に備えようとするわけです。

たとえば、独身の人が結婚しようかな、と思ったとします。今お付き合いしている人がいて、その人とそろそろ、と思うわけです。

そのときに、意識としては、あっちから結婚しようと言ってくれたらいいのに、とか、いつにしようかな？　とか、どこに住もうかな？　と考え始めます。

同時に、無意識では、もし、イヤだって言われたらどうしよう、言われないようにするにはどうしたらいいかな、とか、彼のお母さんのあんなところが気になるな、とか、結婚生活に口出ししてきたらどうしよう、こんなふうに言われるんじゃないか、そしたらこんなふうに言おうとか、こんなことになったら、あんなことになったら、などと、シミュレーションを勝手に始めています。

あなたが意識するか、しないかにかかわらず、何か新しいことをするときには、そんな感じで脳が動いていると思ってくださいね。

そして、考えてもしかたのないこと、考えても結論の出ないことを延々と考えると、脳は疲れます。

疲れた脳は突然「面倒くさくなる」のです。そして、変化をしない方を選択しよう

とします。

いいえ、スムーズに状況が展開しているうちは、いいんです。

彼が、「結婚しよう」と言ってくれて、彼のお母さんも、「あなたがしたいようにしていいのよ」と物分かりよくて、あなたにとって都合よく話が進んでいるときは、大丈夫です。

ところが、ちょっと雲行きが怪しくなってきて、なかなか彼がプロポーズしてくれなかったり、「同居とか、どうかな」みたいなことになったりしたときに、この「面倒くさくなる」が発動します。

心当たりは、ありませんか？

そして、変化をしないですむ一番の方法、「今まで通りを続ける」を選択するように、なっています。

子どもたちの、ゲーム以下、大人の麻薬に至るまで、この脳の作用が働いています。

いったん始めたものを、やめるのは本当に難しいことです。

脳の特徴として、そう働くからです。

覚醒剤や麻薬は、最初から始めないことがいちばんです。それ自体に常習性があり、脳の機能を損ない、やめるために必要な理性を壊してしまうからです。子どもたちにも知識としてしっかりと教えておきたいところです。

「2つのことを交互にやる」習慣で、やめることができる

次にいいのは、途中でやめるのを、習慣づけておくこと。

つまり、「いつも、途中でやめる」ということです。

時間を区切って、やめるというコミットをすることも有効ですが、ここでは、違うアプローチを使ってみましょう。

「中途半端にする」トレーニング、です。

完全に終わらせるのが、いい、と思っていますよね。

わざわざ中途半端にするトレーニングより、完全に終わらせる、きっちり仕上げるトレーニングのほうが、いいのじゃないかと、思いますよね。

でも、自制心の持ち合わせが少ない人には、あえて、中途半端に終わらせるトレーニングをオススメします。


どうやるのか?

複数のことを交互にやる、トレーニングをします。

二つの教科の勉強を、交互にやる
二冊の本を、交互に読む
二つの仕事を、交互にする

たとえば、漢字の練習と、算数の計算があったら、途中で入れ替えます。

最初は時間で区切ってもいいです。

飽きたなと思ったら、変えてかまいません。この場合は、途中に休憩を入れなくても大丈夫です。勉強の内容が変わることで、脳にとっては、休憩を取ったのと同じ効果があります。

本は、マンガでもいいです。二つの本を交互に読みます。ランダムに切り替えてもかまいません。

できれば、別々の場所に、それぞれの本を置いておき、場所を移動するとともに、読む本を取りかえるようにするといいでしょう。

えっ、内容がぐちゃぐちゃにならないか、心配ですか？

大丈夫です。脳の別々の場所に記憶されますから、次に読むときに、今までの所を思い出せますよ。必要なら、付箋を貼っておくといいですね。

慣れてくると、5冊以上の本を同時並行で読めるようになってきます。

二つの仕事を、交互にすることも効果的です。

私はこの本の執筆の間に、家事をします。肩がこったなと思ったら、立ち上がって、キッチンに行き、お茶碗を洗います。アイデアがないなと思ったら、立ち上がって、トイレに行き、トイレをすませ、ついでに便器を磨いて出ます。

複数のことを切り替えながらやることで、気分も変わりますし、脳の疲れも少ないことが分かっています。

ポイントは、脳に「途中でやめていいんだ、途中でやめるのは珍しいことじゃないんだ」と認識させることです。

ゲームをしても、いいんです。マンガを読んでもいいんです。しかるべきときに切り替えてやめることができれば、問題ありません。

行動の切り替えを繰り返すことで、脳の認識が変わってきます。脳はパターン学習が得意なのです。

私は、切り替えることができる。
僕は、自分でやめることができる。
そして、続けることも、できる。

私は、本来の自分の望みにつながる行動を選択することができる。
何度道をそれても、元の道に戻ることができる。
誰かに強制されたり、怒られることがなくても、
自分で自分の行動を、コントロールできる。

こんなふうに認識するようになると、それほど苦痛を感じることなく、行動を切り替えることができるようになるんですね。

中途半端にする、というと、聞こえは悪いですが、同時並行で仕事ができたり、複数のタスクをこなせたりと、多忙な現代人には必要な能力です。

時間ごと、場面ごとに自分のモードを切り替えることができるようになると、その切り替えによって脳の「気分転換」にもなるので、実質的な集中力も上がります。

さらに、完璧主義の傾向のある人には、ぜひトレーニングしてもらいたいところです。

完璧主義な人は、責任感も強いし、高いレベルを目指すので結果も出します。でも、完全にできるまで手を離そうとしないので、時間がかかりすぎるのが難点です。一人で抱え込むことも多く、人の手を借りたがりませんね。

10割できてしまわなくても、7割か8割で、いえ、5割でも、できたものを「叩き台」として人に見せることができれば、もっと早くよいものができることが多いのです。

完璧主義の人が、「中途半端能力」を手に入れれば、もっと可能性が広がることでしょう。

3 心のハンドル操作をする

脳の特徴、三つ目は、「直接コントロールできない」です。

脳は、直接動かすことができません。五感を通して、間接的に働きかけることで、ハンドル操作をするのです。

目標達成のために、どんなハンドル操作をすれば、有効なのかをお伝えしましょう。

よく、感情のコントロール、という言い方をしますが、自然に感じてしまう感情については、感じないようにすることはできません。そういう意味では、コントロール不能です。また、生理的な反応、たとえば汗をかくとか、お腹が空くとかも、コントロール不能です。

怒りを感じたときに、数を数えて怒りのボルテージが下がるのを待つとか、汗をあまりかきたくないのなら、水分を控えるとか、そういうことでコントロールするんですね。

脳の特徴、五感を通すということを、上手に利用しましょう。

目や耳に余計なものが入らないと、勉強に集中できる理由

たとえば、勉強に集中したいとき、どんな場所を選びますか？

静かな図書館、学校や塾の自習室、自宅なら、テレビは消しますね。

勉強に関係のないものが視野に入らないように、余計な雑音が聞こえない、静かな環境を、選ぶと思います。

私たちの脳は、たえず目に入るもの、耳に入るものを情報として処理しています。

余計な情報が脳に届かないように、脳に負担をかけないように、しているはずです。

同じく、暑すぎたり寒すぎたり、お腹が空《す》きすぎたり、のどが渇きすぎたり、そんな生理的にマイナスの状態でも、よくありませんね。

生理的なマイナスの情報は、生存の危機につながりかねないので、脳にとって大きな負担となります。

とくに成長期の子どもにとっては、体の維持が最優先ですから、「お腹が空いているときには、勉強なんてできない」のが、当然です。「根性がない」とかでは、ないんですよ。

自制心の「持ち合わせ」の少ない間は、なるべく快適な環境と、心身ともに健全な状態を維持しましょう。

「お母さんに応援されている」ことが一番の心の支えになる

私たちは、「苦しい」と感じると、それを避けようとします。

目標を達成しようとしているとき、いつもと違ったことをしようとするとき、脳には負担がかかります。それを脳は「苦しい」と認識します。

だから、目標達成以外の負荷はなるべく減らしておくことが必要です。

とくに子どもにとって「苦しさ」から逃げずにやり続けることは、けっこう大変です。

勉強を頑張ろうとしているときに、成績が上がらないことをチクチク言われたり、「やる気あるの？」とか嫌味を言われたりするのは、「負荷」以外の何物でもありません。

そんなふうにお伝えしても、お母さんは心配でたまりません。

「どう見ても、頑張っているように見えないんです。何も言わずに放っておいても、本当に大丈夫なんでしょうか？　甘やかすと子どものためにならないのではありませんか？」

そうですね。どう見ても、頑張っているように見えないと思います。

でも、目には見えませんが、子どもたちは頑張っているんです。自分の心の中の、悪魔と戦っているんです。

勉強だけではありません。スポーツや習い事も、そうです。学校に行くこと自体、頑張らないといけない子も、増えています。

頑張ろうとして、なかなか頑張れない。そんなときに、一番苦しいのは、本人です。その苦しさを乗り越えるから、自制心が育つんですね。

人生で初めての坂道を上ろうとしている人の背中に荷物を乗せるのは、愛ではありません。それを知っておいてください。

そして、甘やかす必要はありませんが、どうか、応援してあげてください。

応援の力は、目には見えませんが、実際に働きます。

それは、プロ野球やサッカーなどで、サポーターの応援が増えれば、チームが強くなることで分かると思います。

強いチームだから応援するんじゃないですね。応援する人が増えれば、応援の力が増えれば、強くなるのです。これが真理です。

子どもたちは、目には見えないけれど、みんな頑張っています。ダラダラしているように見えるかもしれませんが、本当は、頑張っています。子どもたちは、苦しさを乗り越えようと、頑張っているのです。

目に見えないものを信じて、応援してやるのが、親の仕事です。

世の中は、けっこう厳しいです。目に見える結果を出さないと評価してはもらえません。どんなに頑張っても、成績が上がらなかったら、評価してもらえません。どんなに頑張っても、目に見える行動をしないと、認めてもらえません。

でも、お母さんは、応援してください。

成績が上がったときも、上がる前にも、応援してください。

実際に頑張って勉強できたときも、頑張ろうとしたけれど、悪魔に負けてダメだったときも、応援してください。

そして、また立ち上がって、頑張ろうとする子どもを応援してください。

そんなお母さんに応援してもらえる子どもは、幸せです。


目には見えない、子どもの力を信じてください。

子どもには、みんな力があります。自分の夢を叶える力、自分の生まれてきた使命を果たす力です。すべての子どもに、その力があります。

でも、目には見えません。本人にも分かりません。自制心もないから、努力するのも下手くそです。「そんなんじゃ、ダメでしょ」と言いたくなります。

言いたくなるけど、ダメ出しは、不要です。


実は、**周りの人から、応援されている、信じてもらえている、と感じることが、自制心の一番のコントロールです。**

自制心のハンドルって、自分の中だけにあるんじゃないんですね。周りで応援してくれる人の心の中にも、あるんです。

信じてくれている人を裏切ることが難しいのと同じで、自分のことを応援してくれる人の応援には、応えようとするものです。
どうせダメだと思われていると、頑張らなくてもいいか、となります。
この人は、きっとやる人だ、と思われていたら、もうちょっと頑張ってみようか、となりますね。

子どもを応援するということは、子どもの自制心のハンドルを目標にまっすぐに向けている、ということです。

たとえ、今はまったくそう思えなくても、
あなたの子どもは、頑張っています。
あなたも、頑張っています。
それを信じましょう。

すべての子どもには、夢をかなえる力があります。
すべてのお母さんには、子どもを信じる力があります。

それは、神様から授かった、大切な力です。
使いこなしていきましょうね。

著者紹介

田嶋英子　プロコーチ／NLPマスタープラクティショナー。(株)未来クリエイショントレーナー。1961年佐世保生まれ。広島大学教育学部で教育学と心理学を学び、卒業後は高校教諭として活躍。結婚・出産後は二男一女を東京大学などへの進学サポートに成功。現在は、子どもの不登校・ニート・引きこもり問題、夫婦関係の改善など、家族・子育て・職場の人間関係に精通した「お母さんサポートの専門家」としてセミナーやトレーニングを行っている。著書に『子どもの「言わないとやらない！」がなくなる本』（小社刊）などがある。

※NLPとは、Neuro Linguistic Programming（神経言語プログラミング）の略で、コミュニケーション技法と心理療法を中心につくられた最先端の心理学メソッドです。

子《こ》どもの一生《いっしょう》を決《き》める！
「待《ま》てる」「ガマンできる」力《ちから》の育《そだ》て方《かた》

2017年10月5日　第1刷

著　　者　田《た》　嶋《じま》　英《えい》　子《こ》

発 行 者　小 澤 源 太 郎

責任編集　株式会社 プライム涌光
電話　編集部　03(3203)2850

発 行 所　株式会社 青春出版社
東京都新宿区若松町12番1号 〒162-0056
振替番号　00190-7-98602
電話　営業部　03(3207)1916

印　刷　中央精版印刷　　製　本　大口製本

万一、落丁、乱丁がありました節は、お取りかえします。
ISBN978-4-413-23056-8 C0037